監修者——佐藤次高／木村靖二／岸本美緒

［カバー表写真］
農奴解放を宣言するアレクサンドル２世

［カバー裏写真］
農奴解放150周年を記念して発行された1000ルーブル硬貨

［扉写真］
農奴制廃止を祝うモスクワの群衆

世界史リブレット120

ロシア農奴解放と近代化の試み

Yoshida Hiroshi
吉田　浩

目次

「大改革」時代のロシア
1

❶
十九世紀前半のロシアと「大改革」への道
6

❷
ロシア農奴解放
23

❸
近代ロシアの形成
50

「大改革」時代のロシア

帝政ロシアは、長らく一九一七年に起こったロシア革命の前史として語られることが多かった。革命を肯定する立場の人たちは、もっぱら革命運動に光をあて、打倒されるべき体制として帝政ロシアの問題点を描いた。革命を否定する立場の人たちは、ブルジョワジーの成長や資本主義の発展に注目し、革命さえなければロシアでも西欧的な市民社会が安定的に育っていたはずであると論じた。いずれの立場も革命の前後で歴史が断絶するものと考える点で共通している。ロシア革命やソ連の成立から一〇〇年、ソ連崩壊から三〇年ほど経過した現在、帝政ロシアのもっていた独自の豊かな歴史が革命の呪縛から解放され、自由に描くことができるようになった。

本書が対象とするのは、十九世紀半ばにおこなわれた農奴▲解放を中心とする「大改革」時代の歴史である。「大改革」とはアレクサンドル二世時代の改革をたたえる同時代人が使いはじめ、現在では歴史用語として定着している言葉で、彼の治世下でおこなわれた一連の改革を指す。ほかには司法改革、地方自治体（ゼムストヴォ）の設置、大学自治の原則の復活を含む教育改革、軍制改革や検閲の緩和があげられる。これらには、それまで国家統治の基本とされていた、身分制を基盤とし、貴族が政治や行政、軍を主導するという原則をゆるめ、国や地域の公《おおやけ》の社会団体に全身分的な参加を求める自由主義的な改革であるという共通点があった。本書では、専制君主であった皇帝が、自らの権力基盤である農奴制を、なぜ、いかにして廃止したのか、その過程を中心に説明する。

この時代のロシアについて、みなさんはどのようなイメージをおもちだろうか。農奴から解放されたあとも、苦しい生活をしいられた農民が人口の圧倒的多数を占めていた寒い国ロシアのイメージ。西欧に遅れて産業革命を始め、シベリア鉄道の建設などを足がかりに極東に勢力を広げ、日露戦争によって日本と対決したヨーロッパの国ロシアのイメージ。あるいは、ドストエフスキー▲や

▼農奴　貴族である領主の支配下にある農民のことを指し、法的には領主の私有財産であった。農奴のうち一部（農奴解放前夜の統計では六・七％、約一五〇万人）は僕婢として分類され、領主の屋敷に住み込みで小間使いとして働き、奴隷のように売買された。農奴の生活について詳しくは土肥恒之『「死せる魂」の社会史』（日本エディタースクール出版部、一九八九年）を参照。

▼フョードル・ドストエフスキー（一八二一〜八一）　作家としてデビューしてまもなく、空想的社会主義思想のサークルに加わったとして死刑判決を受ける。執行直前にニコライ一世（一六頁用語解説参照）により恩赦されシベリアに流刑となり、その間にキリスト教的人道主義へと思想を変化させた。これらの経験は『死の家の記録』『白痴』などの作品として昇華され、ほかにも『罪と罰』『悪霊』『カラマーゾフの兄弟』などの大作がある。

●—**アレクサンドル二世**(一八一八〜八一)　ニコライ一世の長男で、ロマノフ朝第十六代皇帝(在位一八五五〜八一)。治世前半には農奴解放をはじめとした近代的改革を成しとげ、資本主義に適合的な国家体制をつくり上げた。社会の自由化とともに革命運動が盛んとなり暗殺の対象となったため、晩年には「憲法」の導入により社会を味方につけようと試みたが、その途中でナロードニキ(一〇頁用語解説参照)により暗殺された。

●—**アレクサンドル二世とその家族**(一八七〇年)　後列左から六男パーヴェル、五男セルゲイ、次女マリア、四男アレクセイ、次男アレクサンドル(のちのアレクサンドル三世〈七三頁用語解説参照〉)、三男ヴラディミル。前列にはアレクサンドル二世と、孫ニコライ(のちのニコライ二世)を抱くマリア(次男アレクサンドルの妻)が座っている。

トルストイといった作家や、チャイコフスキー、ムソルグスキーなどの作曲家を輩出した哀愁をただよわせるスラヴ的文化の総本山・芸術大国ロシアのイメージをもつ人もいるだろう。それらの文化人たちが実際に暮らし、前述のイメージすべてが複雑な関係をもちつつ共存していたのが十九世紀後半のロシアであった。権威主義的なイメージをもちやすいロシア史のなかで、例外的に自由主義的な改革が専制権力により進められたのがこの時代である。

なお、本書では当時使われていたユリウス暦で月日を記す。十九世紀ロシアの暦を現代の暦になおすには一二日を加えればよい。

▼レフ・トルストイ（一八二八〜一九一〇）　伯爵家に生まれ、広大な領地を相続した。クリミア戦争（七頁用語解説参照）に従軍し、非暴力主義に目覚めた。ナポレオン戦争を題材とした『戦争と平和』や貴族社会を描いた『アンナ・カレーニナ』により世界的名声をえた。青年時代は放蕩生活を送ったが、晩年は民衆の素朴な生き方に感銘を受け、その説教者としての活動に力を入れた。

▼ピョートル・チャイコフスキー（一八四〇〜九三）　帝国法律学校を優等生で卒業し、九等文官（六一頁用語解説参照）として司法省に就職。のちにサンクト・ペテルブルク音楽院で作曲を学び、音楽家としての道を選ぶ。ロマン主義の代表的作曲家となり、交響曲、協奏曲、室内楽曲、オペラのほか、「白鳥の湖」など三大バレエ音楽を作曲した。

▼モデスト・ムソルグスキー（一八三九〜八一）　ロシアの民族的題材や旋律を重視する国民楽派の一人。オペラ「ボリス・ゴドゥノフ」、管弦楽曲「禿山の一夜」、ピアノ組曲「展覧会の絵」などの作品がある。

●—アレクサンドル二世の「大改革」関連年表

露暦		できごと
1853	10月4日	クリミア戦争開戦
1855	2月18日	アレクサンドル2世即位
	7月20日	軍隊改善委員会発足
1856	3月19日	クリミア戦争終戦詔書
	3月30日	皇帝がモスクワ県の郡貴族団長を前に演説
1857	1月3日	領主農民の生活状態の調整方策を審議するための秘密委員会（以下，秘密委員会）設置
	1月26日	鉄道建設勅令：鉄道建設のため外国人企業家を誘致
	5月28日	新関税法：関税引下げで原料・機械を輸入
	7月20日	官営信用機関利子1％引下げ
	11月20日	北西部3県総督ナズィモフ宛て勅書
	12月5日	サンクト・ペテルブルク県の貴族宛て勅書
1858	1月8日	秘密委員会が農民問題総委員会と改称
	4月	エストラント県で農民反乱（～8月）
1859	2月4日	農奴解放令法典編纂委員会（以下，法典編纂委員会）設置
	3月27日	県郡制度再編委員会設置
	4月16日	農奴主所領抵当信用停止
	8月15日	第1回県貴族委員会代表招集
	8月25日	法典編纂委員会総会に県貴族委員会代表が出席（～10月31日）
1860	3月8日	第2回県貴族委員会代表招集
	4月27日	法典編纂委員会総会に県貴族委員会代表が出席（～5月8日）
	5月31日	国立銀行設立。官営信用機関廃止
	10月10日	法典編纂委員会終了。農民問題総委員会にて農奴解放令草案を継続審議（～61年1月14日）
1861	1月23日	国家評議会で農奴解放令について審議（～2月17日）
	2月19日	農奴解放令裁可
1863	6月18日	新帝国大学法公布
1864	1月1日	県・郡ゼムストヴォ（地方自治体）法裁可
	7月14日	初等国民学校法公布
	11月19日	中等学校法公布
	11月20日	司法改革法裁可
1865	4月6日	検閲制度改革
1870	6月16日	都市自治体法成立
1874	1月1日	兵役令成立。国民皆兵制度が実現
1881	3月1日	アレクサンドル2世暗殺，アレクサンドル3世即位
1883	1月1日	農奴解放の完成

①—十九世紀前半のロシアと「大改革」への道

近代ロシアの世界史的位置

ロシアの「大改革」と同時代のヨーロッパに目を向けてみよう。一言でいえば、近代化への大きな波が西から東へと広がっていったのが十九世紀ヨーロッパである。十八世紀後半にイギリスで始まった産業革命は、それまで基本となっていた「封建的な」経済構造を資本主義的世界へと変える力をもち、農業が基盤となっていた社会を、工業化、都市化へ導きつつあった。また政治的には、アメリカ独立革命やフランス革命を画期として、王や貴族が支配する身分制を基盤とした絶対主義国家が、自由とナショナリズムを思想的基礎とする、市民が主役となる国民国家へと変わっていく過程にあった。産業革命と市民革命という二つの革命が、ヨーロッパ世界を大きく変えたのである。

そうしたなか、同時代のヨーロッパと比較してもとくに専制的な権力をほしいままにしていた君主(ツァーリ)が統治するロシアは、十九世紀前半のナポレオン戦争で戦勝国となり、「旧《ふる》いヨーロッパ」を維持しようとするウィーン体

▼ウィーン体制　ナポレオン戦争後の一八一四〜一五年、ヨーロッパ各国がウィーンで会議を開いたさいにつくられた、復古体制を特徴とする国際秩序。フランス革命以前の体制を復活させること、および大国の勢力均衡による平和維持が確認された。

▼「一八四八年革命」　パレルモやパリでの暴動をきっかけとしてヨーロッパ各国に広がった、憲法の制定やウィーン体制の打破を共通の目的とする革命の総称。

制▲の主役の一翼を担った。しかし自由主義やナショナリズムを掲げてウィーン体制を突きくずそうとする動きが高揚し、イタリアとフランスでほぼ同時に起こった民衆運動が各地に広がって「一八四八年革命▲」となった。ヨーロッパ諸国で旧い体制がつぎつぎと倒されていくなか、ロシアは「ヨーロッパの憲兵」としてふるまい、ハンガリーの独立運動▲を弾圧した。農奴制を基盤とした専制体制を十九世紀半ばまで維持できたがゆえに変革の必要性に気づくのに遅れた「老大国」ロシアは、産業革命を終えたイギリス・フランスとクリミア戦争▲で対決し、敗北したのである。

　クリミア戦争の敗北によりロシアはヨーロッパ諸国に追いつく必要性を痛感し、農奴解放をはじめとする政治・経済・社会全体にわたる改革の時代に突入した。裁判における陪審制の導入など同時代のヨーロッパに先んじる制度も整えられるほどである。とはいえ市民社会の形成は順調に進んだのではなく、その「帰結」は一九〇五年の革命における憲法の制定と国会の開設による皇帝権力の制限であった。その後一七年の二月と十月に二度にわたって起こった革命によって帝政が崩壊し、社会主義への道が選択された。

▼ハンガリーの独立運動　ハンガリー下院議長コシュートは一八四八年三月にオーストリア宰相メッテルニヒを批判し、憲法を求める演説をおこなった。これをきっかけとしてハンガリー民族運動が広がり、翌年にはオーストリアからの独立を宣言した。しかしオーストリアを支援するロシア皇帝ニコライ一世が派遣した軍隊に敗北し、運動は失敗に終わった。

▼クリミア戦争（一八五三〜五六年）　一八五二年、ナポレオン三世の要求にこたえてオスマン帝国皇帝がイェルサレムの聖地管理権をギリシア正教徒から取り上げ、カトリック教徒に与えた。ロシア皇帝はこれに抗議したが聞きいれられなかったため、オスマン帝国領モルダヴィアやワラキアなどに出兵し、列強の調停が不調に終わった五三年十月、オスマン帝国はロシアに宣戦布告した。翌年にはイギリス・フランスもオスマン帝国側についたため、旧式の軍隊や戦力をもち、通信や道路も整備されていなかったロシアはしだいに劣勢となり、五六年三月のパリ講和条約で敗戦を認めた。

このようにみると、ロシアは近代化改革に出遅れ、そのうえ改革が不十分であったから、ついには体制そのものが崩壊してしまったかのようにみえる。その見方は一面では正しい。しかし最近の研究によれば、農奴解放後の諸改革によって実現された一定の枠内での国民の政治参加や自由な言論出版活動をつうじて、数世紀にわたって形成されてきたロシア人の受動的性質が能動的なものへと変わっていき、そうした変化をへた社会が二十世紀初めまでにつくられていたので、革命後の社会主義政権は生きのびることができた。つまり十九世紀後半の改革期ロシアは、帝政を延命させるという意味では改革に失敗したといえるかもしれないが、この時代の経験がなければ二十世紀の社会主義ソ連は存在しえなかったのである。

「上からの革命」の系譜

この時代は、ソ連崩壊の歴史を考えるさいにも示唆を与えてくれる。ロシア史には「上からの革命」の系譜がある。十八世紀初めにサンクト・ペテルブルクを首都として建設し、西欧化改革をおこなったピョートル一世▲、農奴解放を

▼ピョートル一世（一六七二〜一七二五）　ロマノフ朝第五代皇帝（在位一六八二〜一七二五）。自ら西欧に留学し、近代的制度や技術を学びロシアに導入した。

▼ヨシフ・スターリン（一八七八〜一九五三）　レーニンのつぎのソ連の指導者。共産党書記長や首相として、国家権力を用いて農業集団化を強制的におこない農民を中心に多くの犠牲者を出すが、ソ連の工業化を成功させ、第二次世界大戦でナチス・ドイツに勝利するための基礎をつくった。また、病的な猜疑心をもち、国内にスパイが多数いるとの妄想にとりつかれ大粛清をおこなった。

▼ミハイル・ゴルバチョフ（一九三一〜二〇二二）　初代ソ連大統領かつ最後のソ連共産党書記長。ペレストロイカをおこない、新思考外交では冷戦の終結という大きな成果をあげた。内政では自由選挙や市場経

はじめとする「大改革」をおこなったアレクサンドル二世、急激な工業化をおこない大勢の犠牲者を出しつつも、ナチス・ドイツを打ち破ったスターリン▲、そしてペレストロイカをおこなったゴルバチョフ▲。彼らはみな、ロシア(ソ連)の権力構造の頂点に立ち、その最高権力を用いて国家の改革をおこなった。なかでも「大改革」とペレストロイカは多くの共通点をもち、ゴルバチョフがペレストロイカを進めるにあたり、「大改革」の歴史的経験を参考にしたともいわれる。

これら「上からの革命」において、改革をおこなうさいに最大の障害となるのは既得権力をもつ者や権力の周辺にいる保守派(貴族や官僚)であるが、アレクサンドル二世は「大改革」を遂行するにあたって開明的官僚に改革案をつくらせ、貴族から、その所有物である農奴を解放することの同意をとりつけた。この時代を象徴する言葉は「グラスノスチ▲」と「雪解け▲」であり、検閲が緩和されたり学制改革によって大学の自治が認められたりしたため、自由主義的世論がもりあがった。こうしてアレクサンドル二世は公衆の一定の支持をとりつけることに成功したが、専制権力そのものには手をつけなかったため、最後は

済システムを導入することで社会主義体制の刷新をめざしたが、構成共和国の独立宣言があいつぎ、ソ連の崩壊につながった。

▼**「グラスノスチ」**　声を意味するロシア語で、ペレストロイカ期にも言論出版の自由や情報公開という広い意味で使われた。

▼**「雪解け」**　ニコライ一世の時代の厳しい政治的・社会的統制からの解放を意味する比喩。皇帝をはじめとして宮廷に多くの知人をもつ官僚オボレンスキーは一八五六年十二月の日記につぎのように記した。「(今年は)内容のある顕著なできごとがあったり重要な行政立法手段がとられたりしたわけではないが、以前の数年とは明らかに異なり、歴史の出発点になるかもしれない。春が到来する前には、まだ寒いけれど春の香りがし、雪解けの前触れとなる日がある。それと同じだ。今年ロシアは自由に息をした」。スターリン死後のフルシチョフ時代(一九五三〜六四年)にもエレンブルクが同名の小説を発表し、のちに「雪解け」がこの時代を示す言葉となった。

▼ナロードニキ　文字どおりの意味は人民主義者。農民共同体を基礎として、資本主義をへず一気に社会主義社会をつくることをめざした。一八七三〜七四年の「ヴ・ナロード(人民のなかへ)」運動では、教師、助産師などとして農村社会にはいり込み革命思想を広げようとしたが失敗。その後、一派である「人民の意志」党は革命を起こすためのきっかけとしてアレクサンドル二世の暗殺をめざした。左はナロードニキと思われる革命家の帰宅を描いた絵画(レーピン「思いがけなく」〈一八八四〜八八年〉)。

ナロードニキ▲の凶弾に倒れた。以上のように、表面的には専制国家でありつづけたが、内実では国民がおおいに議論し、芸術文化が栄え、産業革命が進む一方で皇帝が暗殺されてしまうという、大きなうねりをともないつつ近代化改革をおこなっていた時代といえる。

農奴制時代のロシア社会

本論にはいる前に、農奴制時代のロシア社会について簡単な描写をしておこう。十九世紀半ばのロシア帝国(ポーランド、フィンランドを含む)の人口は約七五〇〇万人であった。そのうちヨーロッパ・ロシアには五九〇〇万人が住んでおり、農民身分は五二四〇万人で八〇%をこえていた。しかしそのすべてが農奴であったのではない。農民身分は、国有地農民(国有地に住む農民で領主はおらず、国有財産省の役人が管理)、領主農民、御料地農民(皇族領地に住む農民)の三つのカテゴリーに分類されており、このうち領主農民がいわゆる農奴にあたる。その数は約二二〇〇万人、ヨーロッパ・ロシアにおける人口の三七%であり、約九〇万人の貴族が彼らを支配していた。

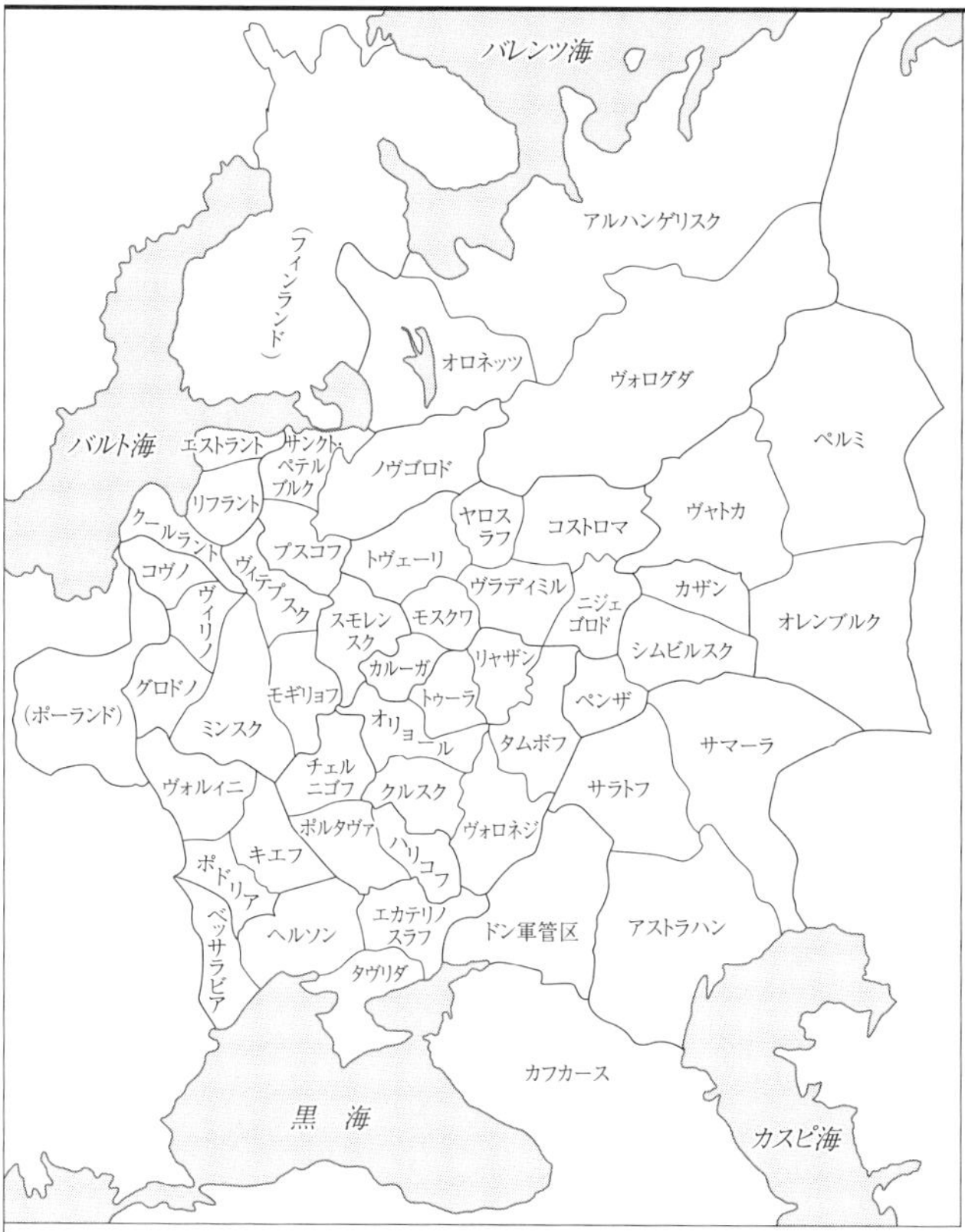

●—**ヨーロッパ・ロシア**(一八五〇年代)　ロシア帝国のうちヨーロッパに近い領域で、おおよそウラル山脈以西、カフカース(現在のジョージア、アゼルバイジャン)以北の四九県を指す。ロシア帝国の基本的行政単位は県であり、下位区分として郡が設けられていた。県には内務省から知事が派遣され、郡には警察・裁判の責任者として郡警察署長がおかれた。

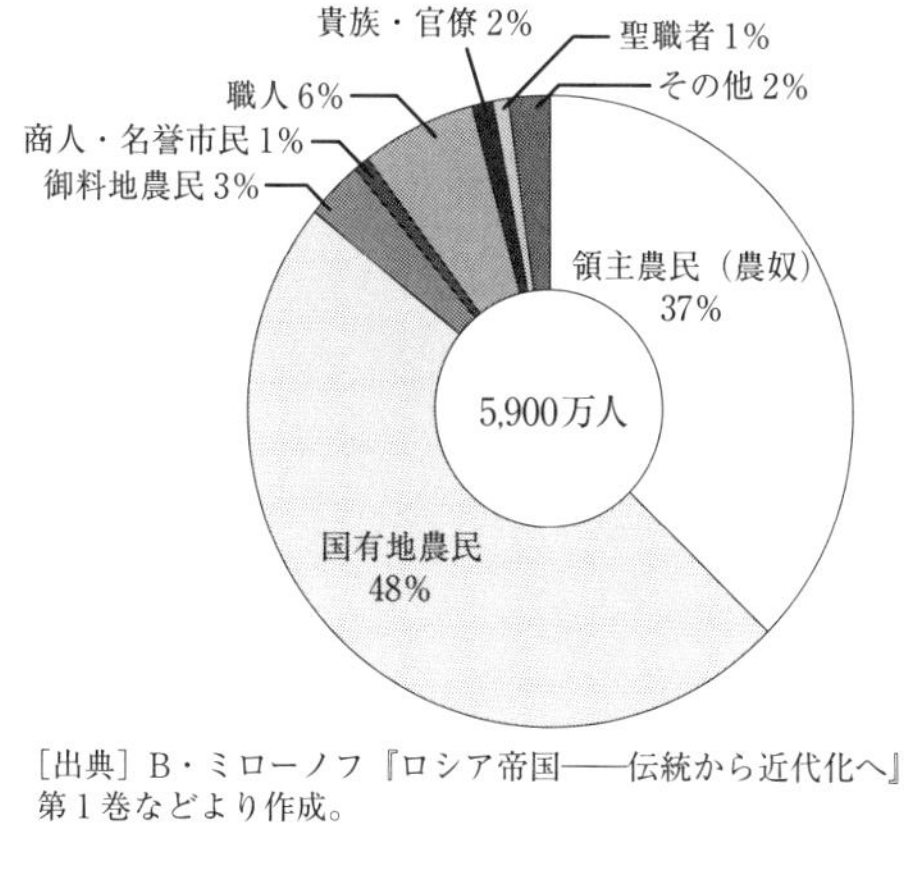

[出典] B・ミローノフ『ロシア帝国——伝統から近代化へ』第1巻などより作成。

●—**ヨーロッパ・ロシアの人口構成**(十九世紀半ば)　ロシア帝国では一八九七年にはじめて国勢調査がおこなわれた。それ以前については、徴税目的の人口調査が十八世紀から十九世紀半ばまで一〇回おこなわれたが、免税であった貴族や、直接の徴税対象ではなかった女性などの数値について正確さに欠けているので、概数と考えていただきたい。

中世には移動の自由が認められていた農民は十六世紀末の立法により土地に緊縛され、一六四九年の会議法典によって逃亡農民の探索が無期限とされることで、ロシアの農奴制は確立された。農奴は領主の所有物とされ、自らの名義で不動産を売買することができず、国家へ納入する人頭税のほかに、貨幣納入または労働、あるいはその両方で領主にたいし義務を負っていた。農奴は売買の対象であったが、それは農奴制により農民が土地に緊縛されていたため、財産の処分は必然的に土地とともに農奴を処分することになるからであった。一般に黒土地帯と呼ばれる農業の盛んな地域では、領主が農奴の労働を利用して直接領地を経営していたため、収奪が比較的激しかった。一方、非黒土地帯など農業の盛んでない地域の農奴はおもに貨幣により義務をはたしていたため、領主による農民生活への介入は比較的少なかった。

農奴は法や慣習によって領主に隷属していた。領主の恣意的な権力のもと、むち打ち、拘置、シベリア送りといった「刑罰」を科されることがあったが、農奴は領主を訴えることはできなかった。しかし農奴の生活は領主よりむしろミール▲と呼ばれる農民共同体に大きく干渉された。農民たちは自らの住む村を

▼ミール　平和および世界という意味をもつロシア語。

●農村の風景（ティム「西側からみたヴォロネジの景色」〈十九世紀〉）

●農民の生活（トルトフスキー「クルスク県のホロヴォド〈輪舞〉」〈一八六〇年〉）

●農奴の売買のようす（ネヴレフ「遠くない過去」〈一八六六年〉より）

平和な小さな世界と認識しており、共同体は農民を守る場であった。それと同時に農民生活を規制する存在でもあり、領主の監視下において、なかば自治的におこなわれる共同体集会で農業活動はもとより家族的、社会的、宗教的生活にかかわるさまざまな事項が決定されたのである。

以上のような狭義の「農奴」のほか、十八世紀前半までのロシアは国家全体が「緊縛体制」下にあり、あらゆる身分の者が「国家の農奴」であったと考える歴史家もいる。例えば、貴族は一五歳になると文官または武官として国家勤務を義務づけられ、病気で退役する以外は死ぬまで務めをはたさなければならなかった。さらに、土地や農奴にたいする完全な所有権を有しておらず、財産の処分や相続には国家の承認が必要とされていた。町人や職人は居住先の都市に登録され、引っ越しや職業の変更、都市からの移動は認められておらず、国家にたいする種々の義務を強制されていた。聖職者も同様に、ピョートル一世の時代に法により登録された教区教会または修道院に縛りつけられ、移動や他身分への変更の自由を奪われた。聖職者の定員は厳しく守られる一方、教区の司祭職は世襲であったため自然増が生じ、定員をこえた場合、その人数分だけ

▼**アンナ帝**(一六九三〜一七四〇) ロマノフ朝第八代皇帝(在位一七三〇〜四〇)。ピョートル一世の異母兄

つぎの人口調査のさいに、強制的に都市や農村の担税身分へ移動させられたり、徴兵にとられたりした。また農奴以外の農民は、領主の恣意的な権力に服したり人格的に隷属したりすることはなく比較的自由であったが、農奴が領主におさめる貢租に相当する額を上乗せした人頭税を国家に支払い、さらに荷馬車輸送、建設や道路工事などの労役義務を負った。また、御料地農民は功労のある貴族に下賜されることもあった。

　このような「国家緊縛体制」はピョートル一世の死後、徐々にゆるんでいった。貴族の国家への勤務期間はアンナ帝▲の時代に終身から二五年間に短縮され、ピョートル三世▲治世下には貴族は国家勤務の強制から解放された。さらに、エカテリーナ二世▲は一七八五年に貴族への恵与状を公布してその特権の不可侵を認め、貴族のみが農奴を所有できると定めたり、所領や財産にたいする国家の所有権制限を撤廃したりした。同じころ、都市民に対する「解放」もおこなわれ、その富裕な層には体刑からの解放、租税の免除が認められて、独占的な営業権が与えられた。これらの改革は農民の間に農奴解放の期待を生み出したが、エカテリーナ二世は貴族の反対によりその方向へ進むことができなかった。そ

イヴァン五世の娘。即位にあたって、寡頭制をめざす名門貴族にさまざまな条件をつけられたが、のちにそれを破棄した。ビロンやオステルマンなどドイツ出自の貴族を重用したことで知られる。

▼ピョートル三世（一七二八～六二）　ロマノフ朝第十一代皇帝（在位一七六一～六二）。ピョートル一世の孫。七年戦争のさい、ロシア軍がベルリンを占領し、プロイセンに勝利目前となったにもかかわらず、フリードリヒ二世への崇拝から撤退し、講和を結んだ。このため貴族の反感を買い、クーデタによって即位後わずか六カ月で廃位され、殺害された。

▼エカテリーナ二世（一七二九～九六）　ドイツ人として生まれ、ピョートル三世の皇后となるが、彼女を支持する重臣の宮廷クーデタでピョートル三世は殺害され、ロマノフ朝第十二代皇帝となった（在位一七六二～九六）。啓蒙専制君主として知られ、ディドロらフランス文人と文通していた。しかし、農奴から領主の不正について直訴する権利を奪うなど、農奴制を強化した。

れだけでなく、地域行政や地方の統治を貴族に委ね、農民を保護する国家の位置が後退したことで、農奴にたいする貴族の恣意のおよぶ範囲が事実上拡大したため、農奴制はむしろ強化された。貴族に農奴を支配する権利を認め、貴族の身分団体や都市を社団として編成することで皇帝は帝国を統治したのであり、農奴制はロシア絶対主義の政治的・経済的基盤であった。

クリミア戦争の敗北

一八五五年二月、クリミア戦争の敗色が濃くなるなかニコライ一世▲は死亡し、長男のアレクサンドル二世が三六歳で即位した。同年にはそれまで体制を擁護してきたモスクワ大学教授ポゴーディン▲が検閲の緩和や情報公開、漸進的農奴解放などを要求する文章を書き、地方の県知事だったヴァルーエフ▲は「あるロシア人の思い」という覚書でロシアを「見かけは金ピカだが中身はくさっている」と評した。ニコライ治世の末期は、国有地農民の改革、通貨や官僚教育などの部分的な改革はあったが全体的には停滞期で、最晩年は恣意的な検閲が強化されたこともあり、「陰鬱な七年間」と呼ばれる。

▼ニコライ一世（一七九六〜一八五五）　ロマノフ朝第十五代皇帝（在位一八二五〜五五）。長兄である前帝アレクサンドル一世（一七七七〜一八二五）が子どもを残さず急死し、次兄コンスタンティンは皇位継承権を放棄したため、皇帝として即位した。治世初期に皇帝官房改革をおこない、第二部を法律専門部局として法典編纂を進めると同時に、第三部として秘密警察を設置し、憲兵を動かして反政府的な動きを取り締まった。

▼ミハイル・ポゴーディン（一八〇〇〜七五）　パン・スラヴ主義的な保守思想をもつことで知られる歴史家、文学者、ジャーナリスト。『モスクワ報知』をはじめとするいくつかの歴史や文学関係の雑誌の編集者でもあった。

▼ピョートル・ヴァルーエフ（一八一四〜九〇）　クールラント県知事、内務大臣、国有財産大臣、大臣委員会議長などの要職を歴任した。ロシアの現状を鋭い目で観察し、自らの認識を日記に残した。農奴解放後の地方統治に貴族が重要な役割をはたすべきだと考え、国家評議会（五〇

こうしたなか新皇帝アレクサンドルは先帝の大臣を引き継いで戦争を継続したが、一八五五年八月末にはクリミア半島の軍港セヴァストーポリを奪われた。これによりロシアが敗北を認めるとヨーロッパでは考えられていたが、皇帝はなおも構想をねり、十月にはカルスで勝利した。ロシアも、これを機に講和を打診すべきときと考え、十一月に直接的な交渉が始まった。その後スウェーデンが英仏両国との軍事同盟に合意したという知らせがはいり、さらにプロイセンやオーストリアもロシアが戦争を継続するなら関係を断絶せざるをえないと伝えてきた。これを受け、外相ネッセリローデ▲ら重臣が皇帝を説得した結果、ロシアはクリミア戦争の敗北を受け入れ、五六年三月十八日、パリ講和条約が締結された。ロシアは黒海艦隊を維持することを禁じられ、ベッサラビア南部を失った。しかしその他の領土については戦争前の国境の現状が確認された。条約締結の翌日、皇帝は国民に向けて戦争の終結にかんする詔書を出した。「戦争の第一の目的であった東方におけるキリスト教徒の権利は保障された」。だから「ロシア人よ、汝たちの努力と犠牲は無駄にはならなかった」「ロシアの譲歩は、長く続く戦争の困難や平和がもたらす利益と比べればたいしたもの

頁用語解説参照）にゼムストヴォ代表を参加させるかたちの代議制を提案したが、皇帝に却下された。

▼**カルル・ネッセリローデ**（一七八〇〜一八六二）　ウィーン会議のころから約四〇年間外務大臣を務め、一八四五年には文官最高の官位である宰相となった。政治的には反リベラルの保守派で、ドイツ出自ということもあり、プロイセンおよびオーストリアとの関係を重視し、神聖同盟の提唱者の一人でもあった。

クリミア戦争時の黒海周辺地域

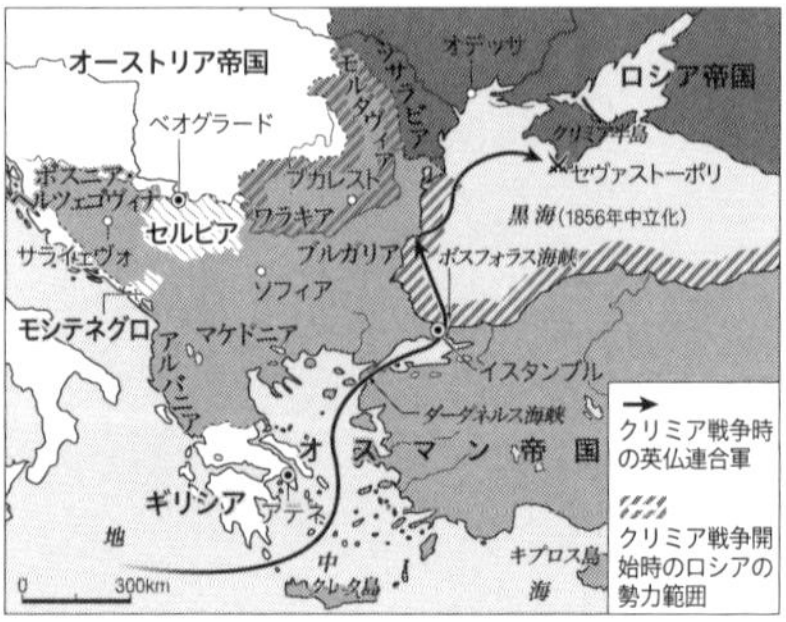

ではない」「国民が力を合わせることで国内に福祉が行きわたり、平和が広がることで、各人が法や万人に平等な正義に守られ、罪なき労働の成果を享受できるであろう」、と国民をなぐさめた。

クリミア戦争は、産業革命を完了したイギリス・フランスによる、蒸気船、新型銃や大砲などの近代的兵器、その生産を支える産業社会や銀行の役割、人や物資の移動および情報の伝達を支える交通・通信網の整備、専制とは異なる国家と社会の関係をロシアに意識させた。敗北の主要な原因にロシアの軍事技術の遅れがあることは確かだが、敗戦を決意する過程をたどると、戦争の継続を支えられないほどの財政状況およびロシアの外交的孤立が、より深刻であったことがわかる。

経済財政金融政策

クリミア戦争はロシアにどれほどの損害をもたらしたのだろうか。穀物生産高をみると、戦前の一八五一、五二年は豊作で、戦争初期の五三、五四年は漸減、五五年は激減し戦前の半分くらいとなっている。戦時には新兵徴募が平時の約一〇倍、一八五五年の兵力は平時の二・五倍の二三〇万人となった。さらに農民には宿営や荷馬車提供が義務づけられ、穀物が徴発された。ロシアを定期的におそう飢饉と戦争による人手不足がかさなり、農業は大きな打撃を受けた。陸海軍への支出は、戦争準備期の五二年から戦後処理期の五七年までの期間で一〇億七六〇〇万ルーブルであった。これは換算すると約四〇億フランとなり、イギリス、フランス、サルデニア、オスマン帝国の軍事支出の合計三九億六八〇〇万フランよりやや多い。しかし平時の軍隊維持費用を差し引くと、クリミア戦争を遂行するための純軍事支出は五億二八二〇万ルーブルにとどまるという計算もある。

問題はこれがロシア財政にどのような影響を与えたかである。一八五二年から五七年の間に新たにふえた財政赤字は七億七二五〇万ルーブルであった。これは平時の国家予算の三・五倍にあたる。当時の税収のおもなものは人頭税、国有地農民の貢租、工業税、関税、酒税、印紙税であるうえ、毎年発生する一億三〇〇〇万ルーブルの滞納は歳入の六〇%をこえる額であったため、戦時にふえた赤字を増税によってまかなうことはほとんど不可能であった。そのため

▼**エゴール・カンクリン**（一七七四〜一八四五）　アレクサンドル一世の治世末期から約二〇年間財務大臣を務めた。彼の経済政策は、対外的には保護主義であったが、国内的には私企業が競い合うことで経済が発展することを望んだ。

伝統的な方法、すなわち紙幣の追加発行や官営信用機関（国立銀行の前身）などからの借入れによってこれらの赤字は補填された。

ロシア文学でときどき「銀ルーブル」「紙幣ルーブル」という言葉が出てくる。一八一〇年以来ロシアは銀本位制であり、政府保有の銀の量に応じて銀ルーブルが発行されたが、ナポレオン戦争が始まるとアッシグナツィアと呼ばれる不換紙幣が無制限法貨とされ、銀と不換紙幣の交換比率が乖離するようになった。そのためカンクリン▲財務大臣は通貨改革（一八三九〜四三年）をおこない、不換紙幣が回収された。そしてあらためて兌換紙幣として一銀ルーブルの価値をもつ新紙幣ルーブルが発行された。クリミア戦争が始まる五三年まで、紙幣ルーブルの下落はみられず安定的に機能した。戦時になると通貨の過剰発行によりやや下落し、紙幣ルーブルの価値は五四年に〇・九四一六、五五年は〇・九三三九となった。それでも金属（金銀）準備率を維持する努力がなされたため、五六年には〇・九八四まで回復した。つまりクリミア戦争が終わった時点で貨幣価値は安定しており、金融上の危機はさほど深刻ではなかった。しかし五七年以降には戦時の財政赤字を通貨の追加発行などで補ったため、紙幣ルーブルは下落し、発行残高も増大した。

クリミア戦争後に政府が解決しなければならなかった喫緊の課題は財政再建であった。そのためには産業構造の変化によって税収の増加をはかることが必要となった。一八五七年一月二十六日に鉄道建設勅令が出され、約四〇〇〇キロの敷設計画が承認された。五七年から五九年の間に七五の株式会社がつくられたが、そのほとんどは鉄道や汽船会社であった。さらに五七年五月二十八日には自由主義的な新関税法が発効し、関税が引き下げられた。これらは鉄道建設を動輪とする資本主義的工業発展のための基礎となった。とはいえ、ロシアでの本格的な産業革命が始まるのはさらに二、三〇年後のことである。

さらなる政策としては一八五七年七月二十日の官営信用機関の利子引下げ（預金利子は四％から三％、貸付利子は五％から四％）が注目される。その第一の目的は官営信用機関の利払い負担を軽減することであったが、より重要なのは、官営信用機関が死蔵している遊休資金を市場に放出し、より高い利益がみこまれる鉄道や汽船会社の株式購入に向けることであった。官営信用機関の問題点は、国内遊休資金のほとんどが産業振興のために生かされず、困窮した貴族への融資にまわされたり、財政赤字の補塡に使われていたことである。その意味で、この政策は産業振興につながり、時宜にかなったものであった。ところが実際には五八年終わりから五九年にかけて預金の引出しが止まらなくなり、銀行危機をまねくことになった。のちに明らかになったところでは、五七年八月からの二二カ月で、官営信用機関の出金が入金を一億四三〇〇万ルーブル上回っていた。官営信用機関手持ちの現金は、五七年六月に一億五〇〇〇万ルーブルだったのが、五九年六月にはわずか二〇〇〇万ルーブルにまで減少して、まさに国家破産の危機が現実化しそうなところまできた。

ここまでみてきた財政金融危機は、クリミア戦争に端を発しているとはいえ、それが直接的な原因というより、むしろ政策の失敗を要因とする面が大きかった。利下げの結果生じた「銀行危機」は、のちに説明するように意外なかたちで農奴解放に影響を与えることになる。

②—ロシア農奴解放

皇帝はいつ農奴解放の実施を決意したのか

つぎに、アレクサンドル二世のもっとも大きな事績である農奴解放について、クリミア戦争敗北のころから考えてみよう。

貴族が特権として農奴を所有し、彼らを働かせることで所領を経営して農業生産をおこなう農奴制は、まさに専制の基盤となっていた。その基盤をくずすことになる農奴解放を、専制君主たるアレクサンドル二世はなぜ決意したのだろうか。ソ連時代の歴史学会では、農奴制が時代遅れになった結果、経済的破綻が起こり、各地で頻発した農民運動への対応として政府が解放をしいられたと説明されてきた。封建制から資本主義への移行は歴史的必然であるというマルクス▲の考えと、民衆が専制政府を動かしたという視点を融合したイデオロギー的な見方である。それにたいし、欧米や日本における研究では、農民運動が激発したのは農奴解放が決まったあとであること、農奴制は経済的にはまだ十分に機能していたことなどが実証的に明らかにされ、別の説明がおこなわれた。

▼**カール・マルクス**(一八一八〜八三) ドイツの歴史家、哲学者、経済学者。人類の歴史を生産力と生産様式の関係から法則化し、生産力の発展により生産様式との関係に矛盾が生じるときにつぎの段階に移行すると考えた。

つまり、農奴制を恥と考える思想、改革をおこなわなければ農民運動が起こるかもしれないという恐れ、そしてクリミア戦争の敗北をきっかけにロシアの後進性を認識した皇帝が軍事的栄光を復活させたいと望んだことなどが、農奴解放へと舵を切る大きなきっかけであるとされた。

一八五五年ごろから、学者の書いた体制批判の覚書や農奴解放の具体的方法について提案する手記がロシア政府高官の間で回覧されはじめたが、クリミア戦争の敗北と農奴解放の直接的関係を示す事実や史料は存在しない。アレクサンドル二世が農奴解放の実現にイニシアティヴを発揮したことは確かであるが、何か決定的なきっかけがあって実現したというより、十九世紀前半からロシア帝国西部で部分的農奴解放が試みられ、身分的利益に拘束されない専門的官僚層が形成されるという条件のもと、状況的な対応の積み重ねが農奴解放令へと結実したと考える方が事実にそくしているといえよう。

パリ講和条約が結ばれた一〇日ほどのち一八五六年三月三十日、アレクサンドル二世はモスクワの貴族たちを前につぎのような内容の示唆的な演説をおこなった。

私が農奴解放をおこないたいという噂があるが、それは正しくない。でたらめであるといいふらしてよい。しかし農民と領主の間に敵対的な感情があり、そのため領主に対する不服従がみられる。遅かれ早かれ、われわれはこの方向（農奴解放）へ進まなければならない。それなら、下から起こるより上からおこなったほうがずっとよいという私の考えに、諸君も同意してくれると確信している。

（ザイオンチコーフスキー『ロシヤにおける農奴制の廃止』六六〜六七頁を参考に、著者が原文から訳文を修正した）

この演説はしばしば、クリミア戦争の敗北にショックを受けた皇帝が農奴解放を決意したことを示すものとして引用される。しかし、アレクサンドル二世が即時の解放を明確に否定していることからもわかるように、モスクワ県総督のザクレフスキー▲に頼まれ、解放の噂を打ち消すためのものであった。また、その後の動きをみると、この時点では皇帝は改革についての具体的なプログラムをもっておらず、彼を支える貴族たちも、そのほとんどは改革の必要性を認めつつも農奴解放に反対であったことがわかる。改革の必要性の認識は、実際

▼アルセーニー・ザクレフスキー
（一七八六〜一八六五）　祖国戦争（一八一二年の対ナポレオン戦争）に参加するなど軍人として活躍したのち、フィンランド総督、内務大臣などを歴任し、一八四八年から五九年まではモスクワ県総督を務めた。

に農奴解放に取りかかることを意味しない。前記の演説の内容は、一八三九年に憲兵隊長官ベンケンドルフ▲が述べた言葉とほとんど同じである。このことから、クリミア戦争が始まる前から農奴解放を「上から」おこなう必要性は政府上層で語られていたことがわかる。五六年十月末にはアレクサンドル二世の叔母で、自由主義的な考えをもつ若い官僚や知識人を集めたサロンを主宰していたエレーナ・パーヴロヴナ大公妃が、自らの所領で農奴解放をしたいという請願書▲を皇帝に提出したが却下された。「大公妃の意図は人道にもとづくものであるが、……請願にたいし積極的に一般的な指示を出すことはできない。この問題の解決にはさまざまな条件が関連しており、……急がずに立法草案をつくっていくことが重要である」。しかし皇帝は「公共の福祉について思いを同一にしているポルタヴァ県の地主たちを選んで非公開で会議をおこない、自らの農民に自由を与えるための条件をまとめ、いずれ私が承認できるような草案をつくってもらいたい」と大公妃への返書で付け加えている。

▼アレクサンドル・ベンケンドルフ（一七八三〜一八四四）　ニコライ一世の最側近の一人。近衛セミョーノフ連隊を皮切りに陸軍軍人としてパーヴェル一世、アレクサンドル一世に仕え、祖国戦争に参加。デカブリストの乱（三五頁用語解説参照）の査問で活躍し、特別憲兵局の設置を進言したのち、皇帝官房第三部長官および憲兵隊長官に任命された。

▼請願書　のちに農奴解放令編纂委員会を主導することになる内務官僚のN・ミリューティン（四三頁用語解説参照）が起草し、「土地付き解放」を提案していた。

さまざまな提案

そうしたなか、皇帝の演説を受けて、内務省次官のリョーフシン▲が十九世紀前半からおこなわれていた部分的な農奴解放の動き▲をまとめ、皇帝に報告書を提出した。ロシアは国土が広大であるので、全国同時に単一の方法での解放をおこなうことは不可能であるという内務省の意見を受け、皇帝は「領主農民の生活状態の調整方策を審議するための秘密委員会」(以下、秘密委員会)を設置し、一八五七年一月に第一回会議が開かれた。その目的は、農奴解放をおこなうべきか否か、おこなうのであればどのような解放をおこなうかを審議することであった。メンバーは国家評議会議長オルロフ、内務大臣ランスコイ、憲兵隊長官ドルゴルーコフ▲、皇帝官房第二部長官ブルードフ、陸軍士官学校長ロストフツェフなど、一部を除きニコライ一世時代から引き継いだ政府の高官で、ほとんどが保守的な政治思想をもつ大地主であった。また途中からは、自らが総裁を務める海軍省で自由主義的改革を先行させていたコンスタンティン大公も加わった。ただし、秘密委員会の設置をもって農奴解放の実施が決まったということはできない。なぜならニコライ一世時代にも同名の会議は複数回開催され

▼アレクセイ・リョーフシン(一七九九〜一八七九)　ハリコフ帝国大学卒業後官吏となり、オデッサ市長、シベリアのイルクーツク県知事を歴任。国有財産省勤務をへて一八五五年に内務省事務次官に就任し、農奴解放令作成過程の前期に活躍した。

▼部分的な農奴解放の動き　バルト諸県(おおよそ現在のバルト三国にあたるリフラント、クールラント、エストラント三県)では一八一六〜一九年に「土地なし解放」がおこなわれ、四七〜四八年には南西部諸県(現在のウクライナの一部)で農奴の義務が文書により明確化される土地台帳改革がおこなわれていた。クールラント県の農奴解放については鈴木健夫『近代ロシアと農村共同体』(創文社、二〇〇四年)、第二章を参照。

▼ヴァシリー・ドルゴルーコフ(一八〇四〜六八)　名門貴族に生まれ、軍人としてポーランド反乱の鎮圧に加わるなどして順調に出世をかさねた。一八五二年に陸軍大臣に就任し、クリミア戦争敗北後まで務めたのち、皇帝官房第三部長官兼憲兵隊長官となる。

●—エレーナ・パーヴロヴナ大公妃（一八〇六〜七三）　ヴュルテンベルク公パウル・フォン・フリードリヒの娘としてシュトゥットガルトに生まれる。一八二三年にロシア正教に改宗し、ニコライ一世の弟ミハイル・パーヴロヴィチ大公の妻となる。慈善事業をおこなうとともに、自ら開いたサロンには、若い自由主義的官僚が多数集った。

●—アレクセイ・オルロフ（一七八六〜一八六一）　エカテリーナ二世の即位を助けたフョードル・オルロフの非嫡出子として生まれる。軍人として祖国戦争に参加し、デカブリストの乱では近衛騎兵師団を率いて反乱軍を鎮圧し、皇帝ニコライ一世の信任をえた。皇帝官房第三部長官をへて国家評議会議長、大臣委員会委員長など帝政ロシアの最高の職務についた。

●—セルゲイ・ランスコイ（一七八七〜一八六二）　官僚としてキャリアを積み、県知事を歴任したのち国家評議会議員となり、アレクサンドル二世が即位した半年後に内務大臣に任命された。就任演説では「陛下から貴族の諸権利を守るよう命じられた」と述べ貴族を安心させたが、農奴解放を前進させようとするリョーフシンやN・ミリューティンらに保守派が反発すると、大臣として彼らを守り、農奴解放を実現させた。

●―ドミトリー・ブルードフ（一七八五〜一八六四）　古い貴族の家系に生まれる。外交資料館で官吏としての勤務を始めるが、同時に文学サークルに属し、著名な歴史家カラムジンが彼を有能な人物であると皇帝に推薦したことをきっかけにデカブリストの乱の裁判事務責任者を務めた。内務大臣、司法大臣などを歴任後、皇帝官房第二部長官として法典編纂にたずさわる。農奴解放、司法改革で重要な役割を演じ、晩年には国家評議会議長、大臣委員会委員長となった。

●―ヤコフ・ロストフツェフ（一八〇三〜六〇）　陸軍幼年学校卒業後、青年将校となった。デカブリストの乱を起こす北方結社の一員となるが、決起直前に新皇帝となるニコライ大公に密告した。皇太子時代に副官を務めたためアレクサンドル二世からの信頼が厚く、陸軍士官学校校長となった。農奴解放にははじめ否定的であったが、途中で考えを改め、農奴解放令法典編纂委員会委員長として、解放を前へ進めようとする若手官僚を反対派の圧力から保護した。

●―コンスタンティン・ニコラエヴィチ大公（一八二七〜九二）　アレクサンドル二世の弟。子どものころから聡明で知られるが、リベラルな思想を信奉したため「赤い大公」と呼ばれた。海軍で軍役につき、クリミア戦争を戦う。のち海軍総裁、農民問題総委員会委員長、国家評議会議長としてアレクサンドル二世の進める改革を補佐した。

ていたが、いずれも時期尚早という結論にいたっていたからである。

委員会に農民問題の専門家はいなかったが、カヴェーリン▲やサマーリン▲などの知識人が作成した農奴解放案が検討され、さまざまな意見が出された。人間はモノではないので、他人に従属してはならない、貴族は帝国の支柱であるからその権利を制限することの影響は大きい、領主が土地を失うには代償が必要である、領主・農民の一方のみに有利な方法はとらないという原則で、地主貴族に農奴の状況を変える方法を考えさせることがよい、などが代表的なものであった。一八五七年八月に出された秘密委員会のいちおうの結論では、全面的な解放は不可能とされ、準備期、移行期、完成期の三期に分けた長い時間をかけておこなう漸進的解放案がまとめられた。委員たちは改革の必要性を認識していたが、「緊急に」必要であるとは考えていなかったのである。委員の一人であるコルフ▲国家評議会議員は、農奴解放の具体的条件については各地域の貴族に審議させるという具体性のない提案を覚書のかたちで提出し、これを読んだランスコイも賛成した。この結論を裁可したことからも、皇帝はこの時点ではまだ即時の農奴解放へ進むべきかどうか決めかねていたことがわかる。

▼コンスタンティン・カヴェーリン（一八一八〜八五）　法学者、歴史家。モスクワ大学卒業後、同大学やサンクト・ペテルブルク大学などでロシア史や法学を教える。アレクサンドル二世の長男ニコライ皇太子の家庭教師も務めた。若いころは西欧派自由主義者として知られ、早いうちに農奴解放の必要性を主張し、西欧の大学制度を視察して教授や学生の権利の向上を提案したが、のちにスラヴ主義に転じ、さらにロシア民族主義者となった。晩年には帝国自由経済協会総裁となる。

▼ユーリー・サマーリン（一八一九〜七六）　スラヴ主義思想家。裕福な貴族の家に生まれる。モスクワ大学卒業後に官僚として最高法院や内務省などで勤務するが、五三年に父が死亡すると、相続したトゥーラ県、サマーラ県で領地経営にたずさわる。その間に農奴解放の必要性に気づき、「農奴状態および市民的自由への移行について」という覚書をまとめ雑誌に発表する。農奴解放令法典編纂委員会に専門委員として参加し、農民自治制度の導入に尽力した。

一八五六年の夏にモスクワで戴冠式がおこなわれたさい、すでに農奴解放のための事務的手続きを進めていたリョーフシンは、ランスコイとともに各地からきた貴族たちに解放への賛否について意見を聞いていた。そのさい、唯一解放に前向きであったのが北西部三県（ヴィリノ、コヴノ、グロドノ）総督ナズィモフ▲であった。翌五七年春から夏にかけて、ナズィモフが地元の貴族会で土地台帳改革を提起すると、貴族が土地を所有したまま農奴を解放して雇用するという方法、つまり「土地なし農奴解放」に賛成する者が多いことがわかった。九月末ごろ、彼は審議を先に進めるための指針がほしいと内務省に求めた。他方、リョーフシンは五七年七月末に解放実施のためのやや具体的な案を作成していた。それは自由耕作民法、義務的農民法を基礎とし、バルト諸県での「土地なし解放」の欠点を補う、いわば土地なしと土地付きの中間案（屋敷菜園地を農民に償却させ、耕地については用益権のみ農民に認める）であった。土地は領主の所有物である一方で、人格の解放について領主が政府から償金を受け取ることはありえないが、労働力を失う領主へのうめ合わせとして、屋敷菜園地価格に人格解放分を含めることが想定された。また、秘密委員会の八月決定のあと、内

▼**モデスト・コルフ**（一八〇〇～七六）　皇族や貴族などトップエリートを教育するために設立されたツァールスコエセロー・リツェイの第一回卒業生。司法省、財務省で勤務したのち、大臣委員会事務局長、国家評議会事務総長をへて、一八六一年に皇帝官房第二部長官、六四年に国家評議会法律部会長となった。

▼**ヴラディミル・ナズィモフ**（一八〇二～七四）　家庭教育を受けたのち陸軍に入隊。プレオブラジェンスキー近衛連隊勤務のさいにアレクサンドル皇太子の従者となり、彼の国内外の旅行に供奉した。一八四九年から七年間モスクワ教育管区の視学官となり、科学や文学への造詣を深めるとともに、若者教育の重要性に気づく。五五年に北西部三県総督およびヴィリノ軍管区司令長官となる。

務省は秘密委員会のメンバーに、農奴にたいする領主の警察・裁判権を制限することは可能か、農奴が一定の額を支払うことにより農奴身分を買い戻すことは可能かなど一四項目を検討し、十一月半ばまでに回答するよう求めた。このころから、皇帝は農奴解放の実現に向けて急にイニシアティヴを発揮するようになる。十月下旬に皇帝は、ナズィモフにたいする内務省の回答、内務省にたいする秘密委員会の回答がともに遅れていることを知ると、「回答を待ちきれない。遅延は許されない状況である」として作業を急がせた。それを受け、十一月初めに内務省が国有財産省と合同で作成した一般原則は以下のようなものであった。(1)土地はすべて領主の所有物である。(2)農奴的隷属状態は、八年から一二年間かけて徐々に解消される。(3)解放をおこなうさい、農民は自らが利用してきた屋敷菜園地を領主から購入し、八年から一二年間かけて返済する。(4)農民には領主地の耕地の一部の恒常的利用が認められ、使用料として金銭または労働で支払う。(5)領主には警察権が残される一方、農民は自治による村団をつくる。自由主義的官僚が多かった内務省でさえ、この時点では農奴解放にさらに一〇年前後の時間が必要であると考えていたことが、ここからわかる。

▼アレクサンドル・スクレビツキー（一八二七〜一九一五）　歴史家、医学者。サンクト・ペテルブルク大学で法学を、デルプト大学で医学を学ぶ。ロストフツェフおよびN・ミリューティンが残した資料を用いて、ロシア語によるはじめての農奴解放研究である四巻本の『アレクサンドル二世治世下の農民問題』（一八六二〜六八年）を出版した。

農奴解放への第一歩

一八五七年十一月二十日、アレクサンドル二世は北西部三県総督ナズィモフに宛てて勅書を出した。ナズィモフが自分の管轄地域の貴族を代表して提出した農奴解放をおこないたいとの上申書にたいし、その具体的方法審議のための委員会設置を皇帝が許可したのである。帝政ロシアの歴史家スクレビツキー▲は勅書のことを「政府が偉大な改革（農奴解放）への道を進むことが公的に表明された第一歩」と位置づけた。ここで、審議のさいに従うべき原則としてつぎの点が指示された。⑴領主はすべての土地所有権を保持する。農民は有償で屋敷菜園地の所有者となる。農民には義務（納税）遂行のために、耕地の用益権が与えられる。⑵農民は農村共同体に属し、領主には警察権が残される。⑶将来の領主—農民関係を整えるにあたり、国税その他の納入が保障されなければならない。実際の人格解放と屋敷菜園地の購入は一二年以内と定められた移行期に徐々におこなわれること、とされた。

皇帝の勅書に合わせて委員会の仕事の詳細が記された、内務大臣によるナズィモフ宛て指示書が出され、そこに公的文書としてはじめて「農奴的従属からの解放」という言葉が記された。ロシア史における農奴解放の先例としては、先に述べたようにバルト諸県で十九世紀前半に実施されたものがあるが、それは「土地なし解放」であった。今回の勅書は、農民に屋敷菜園地の買取りが認められることにより、解放＝追放でないところが新しい。ただし、(1)人格の解放が即時のものでなかったこと、(2)耕地については用益権のみが認められたこと、(3)領主による領地警察権が残されていたこと、この三点で一八六一年に公布された農奴解放令とは本質的に異なっており、農奴解放の完成のためには、さらにいくつか別の段階が必要であった。

サンクト・ペテルブルクやモスクワへ

このナズィモフ宛て勅書と内務大臣による指示書は、ランスコイ内務大臣の指示により全国の総督、県知事、県貴族団長に送付された。ランスコイはグラスノスチ（情報公開）によって改革を前へ進めようとしたのである。他方、土地所有権や領地警察権が領主に残ることを知らせることで貴族を安心させたいと考えた秘密委員会の決定により、勅書などは翌月『内務省雑誌』に掲載された。

一八五七年十二月五日、首都のあるサンクト・ペテルブルク県の貴族にたいしても、ほぼ同じ内容の勅書および指示書が出された。同県では四月ごろから領主ー農民問題の改善のための方策が考えられていたのである。北西部三県のみに適用されるものとしてつくられた原則が、全ロシアに適用される可能性がここに拓《ひら》けた。ただし今回は、「農奴制の廃止」「農奴身分解放の規程」「自由身分の権利」という言葉は注意深く避けられ、「領主農民の身分の調整」「領主農民の生活調整および改良の規程」「農民身分の権利」と言い換えられた。内務省のある官僚によれば、前者は解放を主目的としていたが、後者は改革に反対の貴族たちとの政治休戦を目的とした秩序維持のためのものであり、具体的内容は県での審議に任せることで、改革のテンポを遅らせるという意図があったという。

　この動きが全国に広がるきっかけとなったのは、A・ムラヴィヨフ▲の行動である。彼は元デカブリスト▲で、この間の首都での動きを観察しながら、農奴解放を実現するチャンスと考えた。自らが総督を務めるニジェゴロド県で貴族集会を開いて意見をまとめ、農民改革審議の許可を十二月二十四日に皇帝からえ

▼アレクサンドル・ムラヴィヨフ（一七九二～一八六三）　モスクワ大学卒業後に参謀本部付きの将校となる。デカブリストの乱の首謀者の一人として一八二六年にシベリアへ流刑となるが、翌年赦しをえて文官に転じ、シベリアのトボリスク、アルハンゲリスクといった辺境の県知事を務める。ふたたび軍務にもどりクリミア戦争に参加後、五六年よりニジェゴロド県総督となる。

▼デカブリスト　一八二五年十二月に、新帝ニコライ一世への忠誠を拒否して蜂起した青年将校たちのこと。彼らは農奴解放も求めた。

た。皇帝はつぎにモスクワ県に対し同様の行動を望み、全国へ広げるきっかけとしたがったが、モスクワ県総督ザクレフスキーは「勅書および内務大臣指示書は多くの貴族にとってかんばしくない印象を残しました。大多数は解放の道徳的な効用を理解しつつも、勅書では移行期における農民身分の規定が曖昧であり、地域の実情が考慮されていません。また産業が盛んな地域で屋敷菜園地を農民の所有物とすれば、それは完全な解放になってしまいます」という内容の覚書を出す一方、モスクワ県貴族代表者会議は、農民生活改善案作成のための「原則」を審議する委員会開催の許可を皇帝に要請した。しかしそれにたいし皇帝は「（ナズィモフ宛て勅書の）原則は私が承認したものであり、それにかんする審議は認められない」と拒否した。以下にみるように、改革は政府が原則を作成し、細かい点については地域の貴族たちが地方の実情に応じて決定するという方法がとられることになった。

　貴族の間で農民生活の改善に関する審議の必要性は認識されていたため、一八五八年一月のサンクト・ペテルブルク県を皮切りに、同年中にロシアのすべての県で貴族を中心とした委員会（以下、県貴族委員会。正式には農民の状態改善委員会)が開催された。五八年一月、作家のトゥルゲーネフ▲はトルストイに「以前に期待していたものが実現しつつある。このときまで生きていたことを自分は幸せに思う」と書き送っている。

貴族の反発

しかし北西部諸県を除き「農民改革」への貴族の反発は強かった。県委員会で中心となった論点は、農奴の人格を無償で解放すべきか否か、農民を土地付きで解放すべきか否かであった。ほとんどの県委員会は、農奴を解放することは認めるが、土地なしで解放すること、あるいは農民に譲る土地を可能な限り少なくする方法を考えていた。耕地を譲渡するとしても、農奴制時代に農民が負担していた額以上の土地代を要求しようとした。それまでの人格的隷属による農奴制的負担(領主に対する賦役義務や経済外的強制)も含めた額が設定されたのである。しかし、土地なしで解放すると農民は借地せざるをえず、それは旧領主への経済的な隷属、あるいは大量のプロレタリアートがつくり出されることを意味した。

▼**イヴァン・トゥルゲーネフ**(一八一八〜八三) サンクト・ペテルブルク大学を卒業後、ベルリン大学で古典文学や哲学を学び、西欧的教養人となって帰国した。一八六二年に発表された小説『父と子』は、ロシア正教や家父長制を支持する父の世代と、ニヒリズムで無神論者の子の世代との違いを描き、ロシアの新しい時代を予感させた。

土地を農民に分与することに同意した場合でも、約半数の県委員会は恒久的なものではなく、土地の利用を一定期間に限定しようとした。したがって、全国規模で農奴解放を実現するには、さらなるきっかけが必要であった。また、農奴解放を実施するとしても、どのようなかたち──「土地付き」なのか「土地なし」なのか──でおこなうのかを決めなければならなかった。

「秘密委員会」は一八五八年一月に「農民問題総委員会」と改称し、政府が農民問題を本格的に解決しようとしていることが公となった。叩き台になったのは内務大臣ランスコイの案で、⑴土地所有権は領主のものであることが確認され、農民には耕地の用益権が与えられる、⑵一二年までの移行期には農奴にたいする領主権は残される、⑶県貴族委員会には政府が任命した農民の利害を考える貴族が参加する、というものであった。

その後、委員のロストフツェフがポルタヴァ県の保守的な思想をもつ大地主ポゼン▲と協力して一八五八年四月二十一日に県貴族委員会活動のためのプログラムを作成した。ただし、この段階でもまだ政府の方針は定まっているとはいえず、ある内務官僚は「反動が起こっている。皇帝ははじめ屋敷菜園地に加え、

▼**ミハイル・ポゼン**（一七九八〜一八七一）　ポルタヴァ県の大地主で、陸軍省などに長く勤めた官僚。ポルタヴァ県貴族委員会や法典編纂委員会の委員として農奴解放にたずさわり、保守的な立場から「土地なし解放」を主張した。

ほかの土地も農民に譲渡するよう貴族に求めていたのに、今はゆれている。領主権の問題もはずされている」という内容の手紙を残している。実際、総委員会では農奴解放への賛否をめぐって意見が割れていた。そのため、このプログラムには人格解放や屋敷菜園地の買戻しについての規定はあるが、耕地については用益権のみが農民に認められるだけであり、移行期間終了後の「土地なし解放」もありえた。さらに、元農奴にたいする領主による裁判権も残されていた。県貴族委員会がこの方針にしたがって、地方の実情に応じた具体案を多数意見と少数意見に分けて作成し、それを政府が法律のかたちに整えたものが農奴解放令となることが想定されていた。

頻発する農民運動

政府の方針が根本的に変わるのは、一八五八年秋以降である。新方針は十一月に三回開かれた総委員会の結論を十二月四日に皇帝が裁可したプログラムであり、以下のようにまとめることができる。領主農民にかんする新規程（のちの農奴解放令に相当）が公布されるさいに、(1)農民は自由農民身分になり、財産権、請願権が認められる。⑵農民は村に属し、農民個人にたいする権力は村共同体とそこで選出された役人に集約される。⑶旧領主は農民個人にたいし、村共同体をつうじてのみかかわれる。⑷農民は徐々に土地所有者になるよう努力することが必須となる。

この段階ではじめて、農奴解放令が公布される時点で農奴の人格は解放され、一定の期間をへて土地(耕地)所有者となることが決定された。また、各県ごとの解放令を作成するのではなく、政府の主導によりヨーロッパ・ロシア全体に適用される原則となるべき法律(のちの農奴解放令「一般規定」)と地域的実情に応じた法律(同「地方規定」)がつくられることとなった。

このような大きな方針転換の背後には、春から秋にかけて起こったいくつかのできごとがある。皇帝を含め政府上層でも農奴解放の是非や方法について意見が統一されておらず、実行するのであれば、バルト諸県と同じ「土地なし解放」となる可能性が高かった。ところが四月末からエストラント県で農民運動が頻発し、三カ月のうちに一〇〇カ所の領地、農民人口の約二〇%が参加するほど激しくなった。皇帝は七月初めにエストラント県貴族団長ケイゼルリンク▲

▼**アレクサンドル・ケイゼルリンク**(一八一五〜九一)　ベルリン大学で法律学、自然科学を学ぶ。地質学、古生物学、植物学者としてロシア各地を調査し、とくに動物と植物の分類学で業績を残した。一八五七年からエストラント県貴族団長、六二年にはデルプト教育管区(バルト諸県)視学官となる。

▼**ヴラディミル・ブトコフ**(一八一三〜八一)　サンクト・ペテルブルク第二ギムナジアを卒業後、官吏

と面会し、「土地なし解放」や農民に課された義務への不満が反乱の原因であることを知った。同じころ、総委員会のメンバーである国家評議会事務総長のブトコフと国有財産大臣のM・ムラヴィヨフが各県をまわり「政府は近々かたちだけの改革を発表する」とふれまわった。それを伝え聞いた皇帝は、八月から九月にかけて自らモスクワやトヴェーリなど一〇県へ行幸し、各地で皇帝が示した原則を守るよう貴族に説いた。なかでもモスクワ県では「私は貴族諸君が帝国の第一の支柱であると考えている。農民の福祉のために努力してくれ。全国がモスクワに注目している。諸君のためにできることはなんでもやる用意がある。私が諸君の味方でいられるよう行動してくれ」と演説した。

　総委員会の主要メンバーであり、一八五八年四月に農奴解放を骨抜きにするような案を作成したロストフツェフは、夏の休暇をドイツで過ごし、大局的な視点から農民問題を考えなおした。そのさいに大きな影響を与えたのは、国有財産省官僚として国有地農民の土地台帳改革を主導し、以前から農奴解放に前向きであったジェレブツォフであった。また、五七年末に探検調査から帰国した著名な地理学者で、すでに一八五〇年代前半に農奴解放の必要性を考えてい

として陸軍省入省、軍事法規の編纂にたずさわる。その後、大臣委員会事務局長、国家評議会事務総長を歴任。アレクサンドル二世に人材発掘能力と行政手腕をみこまれ、農奴解放や司法改革で重要な役割を演じた。

▼ミハイル・ムラヴィヨフ（一七九六〜一八六六）　A・ムラヴィヨフの弟。数学で才覚をあらわしてモスクワ大学を卒業し、軍人となって祖国戦争に参加した。国有財産大臣を務めたのち、グロドノ、ミンスク、ヴィリノ県総督、ヴィリノ軍管区司令官として一八六三年のポーランド反乱を力で鎮圧。保守派からは高く評価されたが、リベラル派からは「死刑執行人」として恐れられた。

▼ニコライ・ジェレブツォフ（一八〇七〜六八）　交通技術高専を卒業後、技術将校となる。国有財産省勤務をへてヴィリノ県知事となった。スラヴ主義思想の持ち主で、フランス語で書かれた著作『ロシア文明史』（一八五八年）は西欧にロシアの歴史、風俗、教育、法体制を紹介するものとして議論を呼んだ。

▼ピョートル・セミョーノフ＝チャンシャンスキー（一八二七～一九一四）　地理学者、探検家。サンクト・ペテルブルク大学およびベルリン大学で学ぶ。天山山脈を研究し、ヨーロッパ人としてはじめて現地を訪れた。ロストフツェフと親しく、農奴解放令法典編纂委員会の専門委員となり、同委員会の情報を含む詳細な回想を著した。

たセミョーノフ＝チャンシャンスキー▲との対話をかさねるようになったことも、ロストフツェフが考えを深める大きなきっかけになったと考えられる。ロストフツェフは、解放のさいには農民が屋敷菜園地のみではなく耕地を含めた土地所有者となり、農民が土地を買い戻すさいには政府も少額であれ関与すべきであるという考えを、夏季休暇の外国滞在中に皇帝へ手紙で書き送った。それは、内務省で「土地付き解放」案を作成していたランスコイ大臣の考えや、トヴェーリ県などリベラル派が多数を占めた一部の県貴族委員会での議論とも合致した。五八年十二月には耕地買戻しの可能性を含む農奴解放が総委員会の方針として裁可された。残る問題は、資産のない農民がどのようにして貴族の土地を買い戻すか、農奴解放に反対する貴族たちをいかにして説得するかであった。

農奴解放令草案の作成

一八五九年二月になると、四六の各県貴族委員会がそれぞれ作成した農奴解放案を法律のかたちにするための「農奴解放令法典編纂委員会（以下、法典編纂委員会）」が設置された。同委員会は皇帝直属のものとされ、総委員会からも

▼ニコライ・ミリューティン（一八一八〜七二）　モスクワ大学附属高等寄宿学校卒業後、一七歳で内務省の官吏となる。一八四五年に帝国ロシア地理学協会会員となり、統計部門、総務部門で活躍した。五三年に内務省経済局長となり、ロシア各地の統計を作成し出版。五九年に内務次官および法典編纂委員会委員として、農奴解放令がリベラルな内容になるよう努めた。

独立して活動するユニークな性格をもったものであった。委員長にはロストフツェフが就任し、皇帝の命令により、委員としてポゼンなど大土地所有貴族が少数加わったが、大部分はセミョーノフ＝チャンシャンスキーらの推薦をもとにロストフツェフが選任し、メンバーのほとんどは三〇代から四〇代の中堅の官僚実務家や専門家であった。なかでもニコライ一世時代末期に育ったリベラル派官僚が多数参加していることが特徴であった。彼らの多くはエレーナ大公妃のサロンのメンバーであり、また帝国ロシア地理学協会会員として、たがいに顔見知りであった。リョーフシンのあと内務省で農奴解放の実務を担当したN・ミリューティン▲はその一人であり、彼が実質的に法典編纂委員会をリードした。その他の初期メンバーは内務省、司法省、国有財産省、財務省など省庁から一七人、県貴族団長、県貴族委員会委員、大学教授、ジャーナリストなど専門家委員が二一人であった。

法典編纂委員会は全体会のほかに行政、法律、経済部会に分かれて作業したが、多くの委員は複数の部会をかけもちしていた。一八五九年三月の第二回全体会議で、議論の前提をロストフツェフは提示した。(1)農奴解放を領主–農民間の反目なく平和裡におこなうこと。⑵解放は土地付きでおこなうが、農民がどのように土地を買い戻すかについては議論すること。⑶買い戻される屋敷菜園地および耕地の規模については議論すること。⑷買戻し額は、現在の平均的な農民の負担を上回らないこと。⑸買戻し操作を早く終わらせるため、政府がなんらかのかたちで関与すること。⑹農民共同体のあり方は地域の実情にそくして解決されるべきこと。

どれくらいの時間をかけて農民を土地所有者にするのか、移行期間中の農民の身分や義務はどうなるのか、貴族が農民に譲渡する土地の規模と価格はどうなるのか、解放後の農民行政単位である農民共同体の管理の主体はだれが担うのか、などの問題を解決することが法典編纂委員会の課題となった。この段階でも、皇帝は強制的土地買戻しに反対していたので、法典編纂委員会の議論でも、農民には土地の所有権ではなく永久用益権を与えるだけでよいのではないか、あるいは貴族に警察・裁判権を残すべきではないか、という意見がシュヴァーロフ▲などの大貴族から出された。しかし多数決の原則により、こうした保守派の考えは否決された。

▼**ピョートル・シュヴァーロフ**（一八二七～八九）　代表的な農奴解放反対派の一人。一八四五年に貴族幼年学校を卒業後、近衛騎兵連隊に入隊し軍役につく。警視総監、内務省官房長を歴任し、六六年に皇帝官房第三部長官、憲兵隊長官に任命されると、皇帝の信任を背景に、事実上の政府のトップとなった。

農民の土地購入にさいして政府はいかなるかたちで関与するのか。農民のみの負担で買い戻させるのではなく、国が一部負担すべきというのがロストフツェフのもともとの考えであった。コンスタンティン大公は、農奴解放事業に必要な費用をフランスの銀行家に試算させている。しかし前述した銀行危機が一八五八年十二月から顕在化しはじめ、兌換の一時的停止や国有財産の売却により乗り切ることが考えられた。それでも政府が農奴解放のために支出することは不可能となり、計画を全面的に変更せざるをえなくなった。それにともない、五九年四月には買戻し金▲支払い問題を解決するための財政部会が新設され、そのメンバー八人のうち五人は、政府の銀行改革委員会の委員を兼任していた。銀行危機は農奴解放とリンクして解決されることになったのである。

結論として、すべての農民が強制的に土地を買い戻すことが原則となり、その額はそれまで負担していた貨幣地代の年額を六%で資本化した額とされた(僕婢は土地なしのまま解放されることとなった)。農民が即座にその額を支払うことは不可能であるので、政府が肩がわりして旧領主に支払い、農民は政府に年額六%ずつ四九年賦で返済することとなった。他方、一八五九年四月には農

▼**買戻し金**　旧領主の土地をゆずり受けるための代金。国家による肩がわりは、買戻しへの移行が、領主と農民双方の合意による場合には総額の八〇%、領主の一方的な決定による場合には七五%とされた。

奴主所領抵当信用が停止された。これにより貴族はもはや農奴を抵当として国に借金できなくなったため、その返済のために農奴解放を受け入れざるをえなくなった。それまで領主貴族は農奴を担保に官営信用機関から借金することが許されており、およそ六〇%の農奴に抵当が設定されていた。農奴解放の時点でその総額は四億二五〇〇万ルーブルであり、国はその額を差し引いて、地主貴族に利子付きの公債や買戻し証書を与えた。ある計算によると、農奴解放の総費用は九億二〇〇〇万ルーブルであり、国が旧領主に支払ったのは五億八六〇〇万ルーブルだったため、実際に差し引かれたのは三億一六〇〇万ルーブルとなる。この方法により国庫への利益となったのは、その後四〇年間で四一五〇万ルーブルであった。

法典編纂委員会の議論により、従来は領主が管理していた農村の行政は農民の自治によることとされ、旧領主の警察・裁判権が否定された。行政の単位として村団と郷が設けられた。前者は従来から存在していた農民共同体を再編成したものであり、後者は成人男性二〇〇〇人程度を目安に複数の村団を統合して、新しく設置された農民身分の行政単位であった。村会には全戸主が参加し、

郷裁判所（ゾシチェンコ画〈一八八八年〉）

▼ヴィクトル・パーニン（一八〇一〜七四）　名門貴族の家庭に生まれた。外務省でキャリアをかさね、司法省に転じて約二〇年間司法大臣を務め、検事総長を兼職した。その後、皇帝官房第二部長官となった。

村長を互選で選出した。郷会には村会で選ばれた代表が出席し郷長や郷裁判員を選出した。郷裁判所は農民が日常的に遭遇する範囲（一〇〇ルーブルをこえない民事と軽犯罪）の訴訟を管轄とし、相続など民事については慣習により裁かれた。軽い刑事事件について、当面は国有地農民のためにつくられた農村裁判法を指針とすることとされた。これら農民の自治組織は県ー郡とおりてくる国家の支配機構の末端としても機能し、買戻し金の返済や税を連帯責任で支払うこととされた。

農奴解放令一次草案は一八五九年九月に完成し、その後二回にわたって全国の県貴族委員会代表から意見を聴取する機会が設けられた。六〇年二月、委員長ロストフツェフが急死し、後任として二万人以上の農奴を保有する大地主で反動派として知られるパーニン▲が皇帝により任命された。彼の就任は、法典編纂委員会のリベラル派メンバーを不安にさせた。パーニンはかつて「もし自分の意見が皇帝と異なっている場合、皇帝の意見を実現するために全力をつくす」とコンスタンティン大公に語っていたが、実際に職務につくと「土地なし解放」や領主権の保持を主張するなど、草案の主要な点に疑義を唱えた。県貴族委員会の第二回招集委員はこうした法典編纂委員会内部での意見の対立に勇気づけられ、四月から五月に設定された意見開陳のさい、解放草案にたいし「貴族の所有権不可侵への侵害であり、恣意的に土地収入を減らし、さらに農民を土地に縛りつけ彼らの自由を奪うもの」と批判し、農民の貨幣地代を固定して買戻し額を決定するという方法に反対した。批判を受けて法典編纂委員会は、農民への分与地の規模の縮小や、二〇年後に農民の義務額をみなおすなどの譲歩をおこなったが、「土地付き解放」という原則は死守した。六〇年十月に委員会が活動を終えるさい、皇帝は「諸君の多大な働きに感謝する。どの仕事にも不完全さはつきものなので、今後の多くの変更が必要になるかもしれない」と述べた。この時点では、皇帝は解放草案への賛否を表明しなかったのである。

●——法典編纂委員会のようす

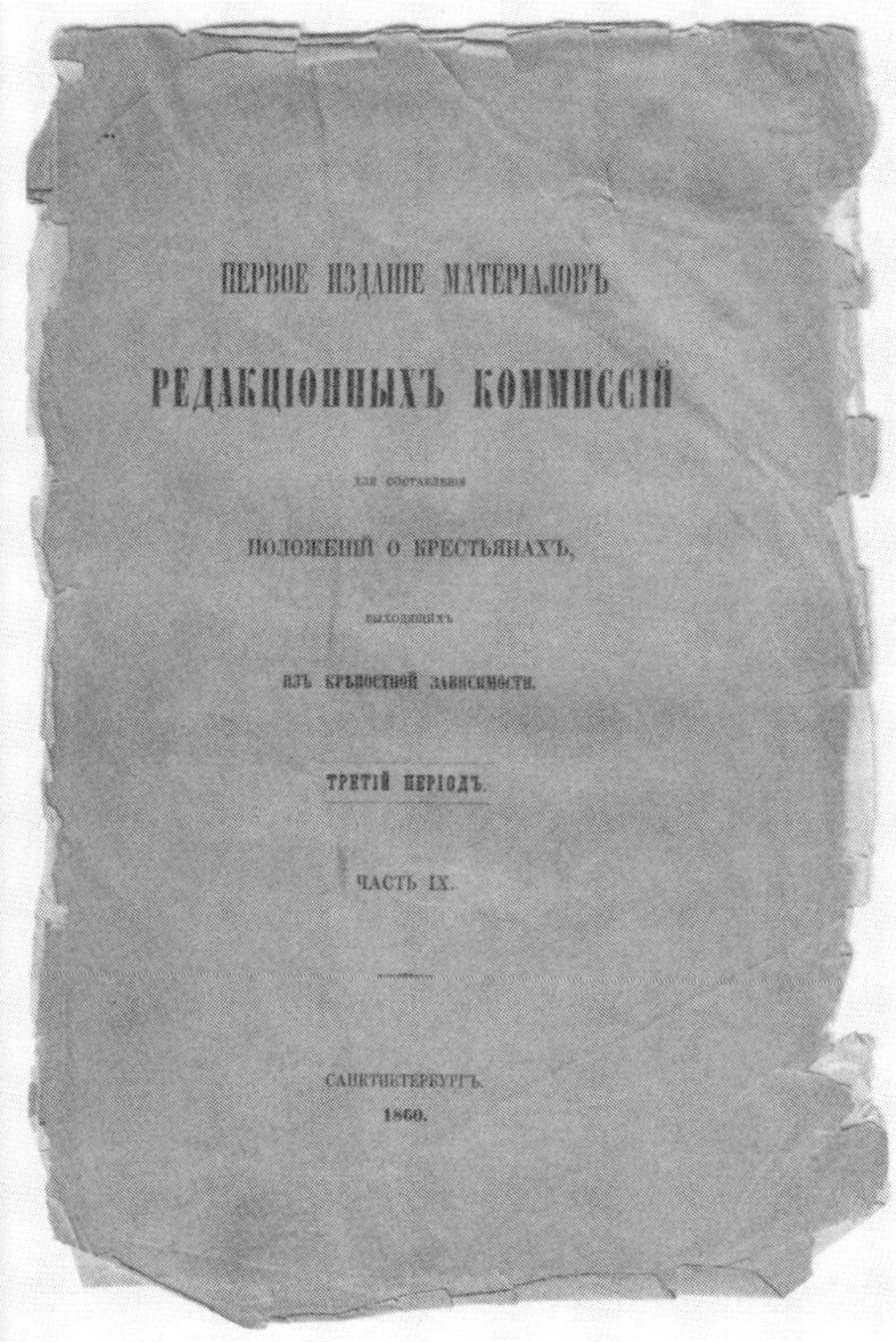

ПЕРВОЕ ИЗДАНІЕ МАТЕРІАЛОВЪ

РЕДАКЦІОННЫХЪ КОММИССІЙ

для составленія

ПОЛОЖЕНІЙ О КРЕСТЬЯНАХЪ,

выходящихъ

изъ крѣпостной зависимости.

ТРЕТІЙ ПЕРІОДЪ.

ЧАСТЬ IX.

САНКТПЕТЕРБУРГЪ.

1860.

●——法典編纂委員会による解放草案審議資料の表紙（一八六〇年）

③—近代ロシアの形成

農奴解放令の完成

　法典編纂委員会が作成した解放草案は一八六〇年十月から翌年一月まで四五回にわたり農民問題総委員会で審議された。メンバーの多くは大臣や大土地所有貴族など保守的メンタリティーの持ち主であった。草案に反対するクニャジエーヴィチ▲財務大臣、M・ムラヴィヨフ国有財産大臣、アドレルベルク▲宮内大臣は「農民は、現在自分に属していないものは要求できない」という原則を主張し、分与地や農民が支払うべきその対価は各県委員会の決定に委ねるべきであるという対案を出した。彼らは農民の自治にも反対し、郷長を貴族から選ぶよう主張した。しかし、採決したところ法典編纂委員会の原案が僅差で多数となり承認された。

　最終的な決定に先だち、一八六一年一月から二月にかけて一四回にわたり国家評議会▲で審議された。初回の議長を務めた皇帝は「(改革準備から)すでに四年が経過し、貴族、農民の双方からさまざまな心配や期待が起こっている。こ

▼アレクサンドル・クニャジェーヴィチ（一七九二〜一八七二）　カザン大学を卒業後、財務省に入省し、カンクリンの側近となる。官房長、国庫局長などを歴任し、一八五八年に大臣となって国家予算の公開や国立銀行の設置をおこなった。性格的には中間派であり、実務派の若手官僚を登用したことでも知られる。

▼ヴラディミル・アドレルベルク（一七九一〜一八八四）　貴族幼年学校を卒業後軍役につき、祖国戦争に参加。その後ニコライ大公（一世）の副官となって死ぬまで親しく仕え、一八五二年に宮内大臣となる。なお、母親はニコライ一世の養育係であった。

▼国家評議会　立法のための皇帝の諮問機関。多数意見、少数意見が示され、皇帝はどちらを選択してもよかった。

れ以上の遅延は国家にとって破滅的である」と発言し、二月半ばまでの結論を求めた。さらに「貴族の利益を守るためにできることは、すべておこなった」「農民の生活が言葉や書類上だけではなく、実際に向上することが必要である」「バルト海沿岸諸県の農奴解放は、当地の農民にとって気の毒な内容だった」と釘をさした。それにもかかわらず、国家評議会では農民問題総委員会で否決された案が多数意見となり、法典編纂委員会の原案は少数意見となった。ところが皇帝は少数意見を採用した。

　こうして農奴解放令は完成し、即位記念日である一八六一年二月十九日に裁可された。皇帝の弟コンスタンティン大公はその日の日記につぎのように書いている。「今日からロシアの新しい時代が始まる。これ（農奴解放）によりロシアがますます偉大になるよう神のご加護がありますように」。しかし政府は農民が解放令の内容に反発することを恐れ、大斎節▲初日で正教信者がアルコールを慎む日である三月五日に皇帝の宣言としてようやく公表された。農民には三月七日から四月二日までの間に、おもに村の司祭から伝えられた。皇帝は、農奴解放令としてリベラル色の濃い法典編纂委員会案を採用したため、貴族との

▼**大斎節**　キリスト教への入信希望者の洗礼準備期間が起源とされる。正教会ではとくに厳粛な祈禱と食の節制がおこなわれる。

関係悪化を恐れ、四月下旬に内務省のランスコイ大臣、N・ミリューティン次官を解任した。政府内に二つの異なる考え方があるさい、両者の調停役となることを心がけたのである。これはアレクサンドル二世が改革を進める手法であった。内務大臣の後任には貴族主義のヴァルーエフが任命され、彼のもとで農奴解放が実施されることとなった。

農奴解放令は、全体に適用される一般規定のほかに、地域ごとの土地関係を定める法、県郡の農民行政組織にかんする法、買戻しの具体手続きを規定する法など、一七の法律からなる。農民は、人格的には無償で解放され、法律上は自由農村住民としての権利をえた。しかし、ただちに自由の身になったわけではなかった。はじめの二年間は移行期間とされ、旧領主が警察・裁判権を含む地域の管理権をもち、農民は従来と同じ義務(金納または労働)を負い、農奴制時代と変わらない生活を送った。この期間に農奴解放令が定める県、郡、郷、村団などの農民行政組織が整えられ、地主と農民間の土地関係を定める土地証書が作成された。土地証書は、地主が農民に提供する分与地やそれにたいする農民の義務を定めるもので、地主とはたんなる経済的な関係となった農民は

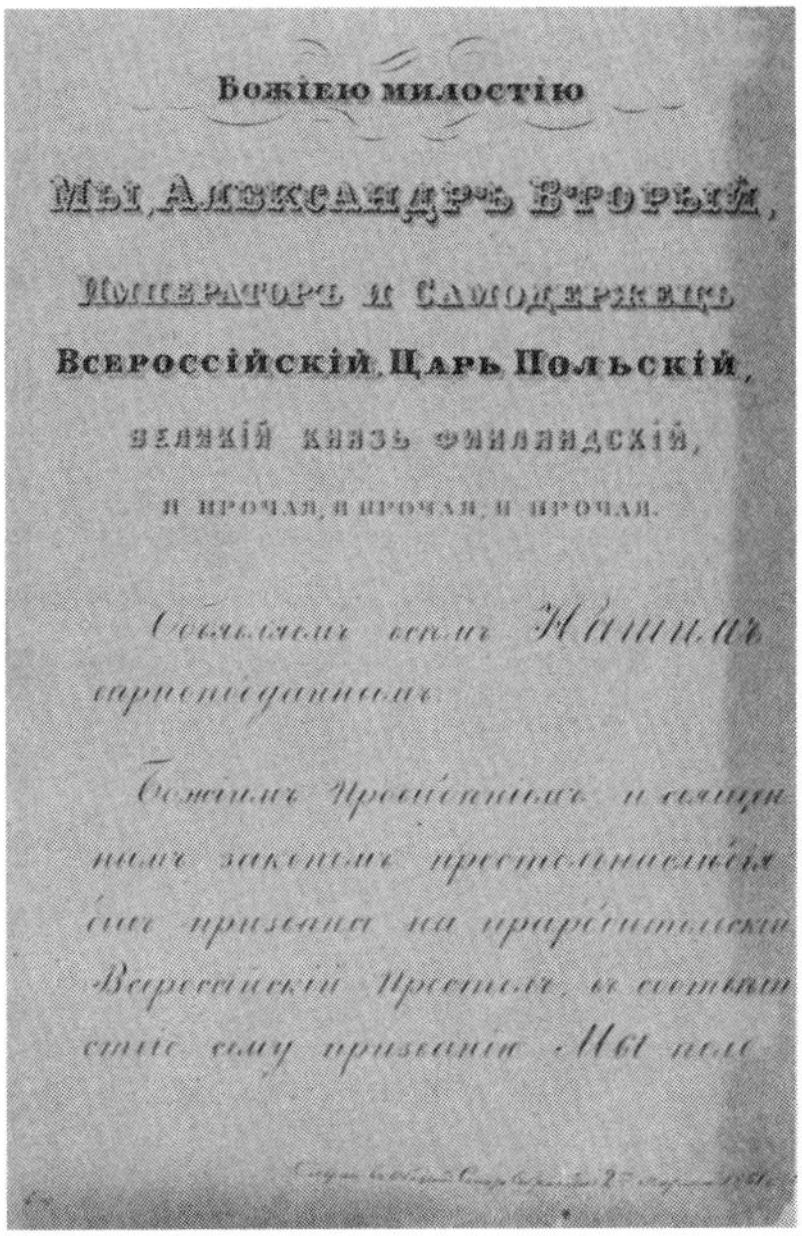

Божiею милостiю

Мы, Александръ Вторый,

Императоръ и Самодержецъ

Всероссiйскiй, Царь Польскiй,

Великiй Князь Финляндскiй,

и прочая, и прочая, и прочая.

Объявляемъ всѣмъ Нашимъ вѣрноподданнымъ.

Божiимъ Провидѣнiемъ и священнымъ закономъ престолонаслѣдiя быв призваны на прародительскiй Всероссiйскiй Престолъ, въ соотвѣтствiе сему призванiю Мы поло-

●—農奴解放令の冒頭

●—農奴解放令を伝えられる農民（ミャソエドフ「一八六一年二月十九日法の朗読」〈一九〇一年〉）

●—一八六一年二月十九日、サンクト・ペテルブルクの宮殿広場のようす　集まった民衆が、馬車に乗るアレクサンドル二世に感謝の意を示している。

「一時的義務負担農民」と呼ばれ、市民としての権利、すなわち結婚の自由、私的所有権、契約や営業の自由などをえた。ただし土地証書の作成は、領主が農民個人と交渉するのではなく、農民のみからなる身分的自治組織である村団が単位となり窓口となった。領主と農民の間で農奴解放令をめぐる解釈の違いなど争いごとが起こったさいには、当該郡内で一定の資格をもつ世襲貴族の名簿から、県知事が選んだ農事調停員《ミラヴォイ・ポスレドニク》▲が仲介にはいった。また、一八七〇年二月十九日まで、農民は旧領主との契約関係から逃れることができず、したがって土地を離れることはできなかった。

分与地買戻し金支払い方法

一時的義務負担農民は、分与地の買戻しに着手すると「農民＝所有者」となる。農奴だった農民は多額の現金をもっていないので、買戻し金の大部分を国家が肩がわりし、旧領主はその額を国から利子付き証書のかたちで受け取り、農民は国にたいし四九年賦で支払った。また、国家評議会での審議のさい、農民との合意のもとで分与地の最高基準の四分の一を領主が贈与することにより、

▼農事調停員　当該郡内で一定の資格をもつ世襲貴族の名簿から、県知事により選ばれた。民間人と官吏の中間的存在であり、県知事など国家官僚の統制下にはなく、最高法院に従属した。郷や村団といった農民身分団体内部に直接干渉する権限をもたず、農民が領主への依存から独立し、自治を定着できるよう指導することが期待された。

農奴解放の完成とするという例外規定が挿入された。この規定はおもに、地味の豊かな地域で、自らのもとに直営地を広く残したいという地主のためにつくられた。

世帯別土地保有形態が優勢な西部諸県▲では、一八六三年末までに一時的義務負担状態から買戻し操作にはいり、その他の地域では、八三年一月一日までに買戻しが強制となった。ここに農奴解放が完成した。しかし国家への買戻し金返済は連帯保証制度のもと村団単位でおこなわれたため、脱退するには個人に割り当てられた買戻し金の半額を支払ったうえ、村団にある分与地などの持ち分を放棄するという条件が課されたので、現実には解放後も農民は村団に縛りつけられた。

このさいに問題となるのが分与地の規模や額である。とくに農業の盛んな地域では、旧領主はなるべく広い土地を自分の手元に残そうとした。しかしそれを放置すると農民に不利となるため、農奴解放令では農奴制期の土地利用状況を標準として、地域ごとに最高と最小の基準を設けた。ところがパーニンが議長にかわって、以降の法典編纂委員会の議論で領主貴族に有利となるよう草案

▼**西部諸県**　ヴィリノ、グロドノ、コヴノ、ミンスク、ヴィテプスク、モギリョフ、キエフ、ポドリア、ヴォルイニの各県。

に手が加えられ、例えば中央農業地帯では分与地の最高基準が、それまで農奴が利用していた土地の標準規模以下に定められる地域が多かった。また、領主には農業地の二分の一ないし三分の一を留保する権利が与えられたこととあいまって、土地の「切取り」▲が大々的におこなわれ、農奴解放後の農民は土地不足に苦しんだと研究史では評価されてきた。しかし「切取り」の規模は、ロシアの歴史家S・カシチェンコによる最新の経済史研究によれば、さほど大きくないと評価されている。農奴制時代と比べ狭い土地を受け取ったのは、平均よりかなり広い土地を利用していた農民のみであり、ほとんどの農民は、解放のさいに農奴制時代とほぼ同じ規模の土地をえた。また、以前の研究では農民は実勢より高い値段で土地を買わされたとされてきたが、これもアメリカの歴史家S・ホックにより否定されている。農奴制時代には土地の評価額を定める全国的規模の土地台帳制度がなく、土地の売買がおこなわれるさいに重視されたのは、そこに住む農奴の人数であった。そこで農奴解放令では、土地の実勢価格ではなく農奴制時代の年間負担義務額の六%を資本化したもの、つまり貢租額の一六・六七倍が買戻し価格とされた。帝政期の研究者ヤンソンやロシツキ

▼土地の「切取り」　研究者により多少の数値の違いはあるが、帝政期の研究者V・アニシモフによると、一八六一年以前の農民地は三五二〇万デシャチナであったのにたいし、解放で農民が受け取った土地は三三八〇万デシャチナであり、四・四%の「切取り」があったとされる(一デシャチナは約一ヘクタール)。ただし地域差があり、アメリカの歴史家G・ロビンソンによれば、西部諸県ではポーランド貴族の力を抑えるために解放後に約二〇%農民地が増えた一方、非西部諸県では一三%減少したという。

▼ドミトリー・ミリューティン（一八一六〜一九一二）　N・ミリューティンの兄で、最後のロシア帝国陸軍元帥。一八三二年にモスクワ大学附属高等寄宿学校を卒業後、砲兵下士官として軍役につく。その後、陸軍大学を優等で卒業して参謀本部付きの将校となり、このころから軍学にかんする著作を執筆。三〇年代からカフカース軍で働き、五七年に参謀長となった。その間の四五〜五六年に陸軍大学軍事地理学の教授を務める。六一年に陸軍大臣となり軍制改革にたずさわった。アレクサンドル二世の最側近の一人。

ーは、法典編纂委員会が集めた実際の土地取引データなどを元に、買戻し額が土地の実勢価格よりかなり高いと主張し、その説がのちの歴史家にも受け継がれてきた。しかしホックによれば、その史料は農業地と荒蕪地の両方を含むものであったために、土地価格は低めに算定されていた。農民が受け取ったのは自分たちが利用してきた農業地のみであったにもかかわらず、従来の説では荒蕪地を含む低めに算定された土地価格と買戻し価格が比較されてきたのである。

農村社会の変化

ここまでみてきたように、農奴解放の実現において皇帝アレクサンドル二世のイニシアティヴは明らかである。しかしクリミア戦争の敗北をきっかけとして、国家の立て直しのために農奴解放が必要であると皇帝が考え、はじめから強い決意をもっておこなったのではない。のちに陸軍大臣となるD・ミリューティン▲は一八五〇年代半ばに「農奴解放なしに訓練された予備役を整えることはできない」と語ったが、皇帝が当時同じように考えて農奴解放を決意したという証拠はない。先述したように皇帝は、五六年秋にエレーナ大公妃が自らの所領での農奴解放の許可を求めたさいに却下し、その翌年、秘密委員会が作成した「農奴解放先送り案」を裁可したのである。彼は先帝から受け継いだ将来の課題として農奴解放を考えていたが、その考えを受けた内務省高官らが資料を集め、北西部諸県の貴族が当時検討していた土地台帳改革より「土地なし解放」案の方がよいと考えたことが、ナズィモフ宛て勅書につながった。このころから皇帝は、全国的な農奴解放について考えるようになり、さらにエストラント県での農民反乱をきっかけに「土地なし解放」の問題点を感じ、側近ロストフツェフやリベラル派官僚の考えを取り入れ、「土地付き解放」をおこなうことを認めた。このように農奴解放案は状況に対応しながら段階をへて進化していったのである。

農奴解放により、約二二〇〇万人の農奴が領主の支配から脱し、村団－農民共同体を生活の拠点として自治的生活を営むこととなった。村会には各世帯から家長が参加し、三年任期の村長を選んだ。一〇世帯に一人の割合で選ばれた者が郷会に参加し、郷長や郷役人、刑事および民事の軽微な訴訟を担当する郷裁判所の裁判員を選出した。このように農奴解放令によってつくられた農民の行政制度は、一八六三年には国有地農民に、六六年には御料地農民に広げられた。西部諸県で分与地が世帯別に利用される一方、中央部ロシアでは、耕地は細長い地条に分割して村団単位で利用され、耕作強制にもとづく三圃制《さんぽせい》農業が営まれた。地条は平等原則と負担能力に応じて分配され、定期的に土地割替《わりかえ》▲がおこなわれた。農民は経済的に必ずしも以前より生活が楽になったとはいえないし、土地不足に苦しんだのは事実である。とくに割替のある共同体では、土地にたいする私的所有意識が根づかず、農業技術は低い水準にとどまり、飢饉におそわれることもしばしばあった。恣意的に体罰を科せられたり、強制的に移住させられることこそなくなったが、住居や職業選択の自由は、事実上かなり制限された。とはいえ土地不足のおもな原因は、社会的流動性が低い農村で、解放後に人口が急増したことである。また、若者は親から独立した世帯を構えることを望んだため、家族分割も急増した。これらの事実は、領主からの独立により、農民が精神的な解放を感じていたことのあらわれともいえるのではないだろうか。

▼土地割替　村単位に割り当てられた納税などの義務を履行するため、農業用地、とくに耕地を細かく分割し、労働力に応じて村民に分配する制度。結婚や死亡などによる、農民世帯の労働力の増減にもとづく部分的割替と、三年や九年など三圃制のサイクルに合わせた、村全体でおこなう全面的割替があった。中央部ロシアでは、十八世紀末になると土地割替が一般的土地利用方法となっていた。

ゼムストヴォ（地方自治体）の設置

それまで領主の管理下にあった農奴が解放され、農村自由住民として独立した人格と市民としての権利をもつようになると、必然的に国家のさまざまな制度の変革が必要となった。その一つがゼムストヴォの設置である。ゼムストヴォとは、一八六四年一月一日より、県と郡それぞれに設けられた地方自治体の名称である。

広大な面積をもつロシア帝国の地方統治は、以前から大きな問題をかかえていた。前帝ニコライ一世の時代には、ヒエラルキー的官僚制度および文書主義が徹底されたため、地方役所がルーティンではない業務をおこなうさいに、その都度首都にある本省の許可を必要とした。例えばバルト諸県のある総督が執務室のガス管修理をしようとしたところ、その許可をえるためには一〇種類の申請書を作成することが必要とされ、事後に一四の報告書を求められるという具合である。また、役人が県内に出張するには県知事の許可が毎回必要であり、年間二万件もの無駄な書類が作成され、貴族が土地を売却するには一三五通以上の書類が必要で、役人はそれらの処理のため書類の山にうもれていた。さら

▼帝政ロシアの官僚　ピョートル一世の時代の一七二二年に、家柄ではなく能力により官僚を登用するために官等表がつくられた。官等の最下級は文官で一四等官であり、軍人の少尉補にあたる。帝国大学卒業で採用されると一〇～一二等官となり、数年ごとに昇進する。中卒で採用された者は無官等だが、一定の条件のもと一四等官に進むことが可能であった。貴族出身でない者も九等官で一代貴族、四等官まで出世すると世襲貴族になれた。ここでは官等をもつ者をキャリア、もたない者をノンキャリアと記述した。

に、帝政ロシアの官僚▲の数は十九世紀半ばに約四割増加したとはいえ、一八五六年時点でキャリア官僚が八万二三五二人、ノンキャリアが三万一六六五人で、人口比では同時代のヨーロッパと比較して著しく少なかったとされる。以上の理由から、病院建設、道路や橋の修繕、教員の雇用やその他の公共事業費予算があるにもかかわらず、地方ではその予算を執行する時間的余裕がない状態であった。

農奴解放令作成の過程で、農民の管理が貴族から国家の手に移ることが意識され、その方法が審議された。その結果、解放後の地方統治のために、全国を八つの軍管区に分けて総督をおき、その下に従来の郡警察署長に加えて行政官である郡長を派遣して、中央のコントロールを強める案が一八五八年五月に農民問題総委員会で決定された。ところが自由主義的官僚を中心に反対があいついだため、白紙にもどされた。

その後、一八五九年三月にN・ミリューティンを委員長とする県郡制度再編委員会が内務省内に設置され、地方統治の形態が再検討されることとなった。同委員会は、県知事に人材と予算を与えることで地方行政の実質化をめざし、その下部機関は、自治として全身分が参加するという案を六一年のなかごろまでに作成した。中央から県に派遣された役人は自らの出身省庁の本省に従属し、県知事のいうことを必ずしも聞かなかったため、その構造を壊す必要があったのである。

前述したように、その間に内務大臣は貴族主義者であるヴァルーエフにかわっていた。彼は、農奴解放で地域における行政や司法権を奪われた地主貴族がしかるべき役割をはたせるよう原案に修正を加え、最終的にN・ミリューティンが提案した全身分的要素と、ヴァルーエフの望む地域における貴族の活躍という考えが折衷され、両者の要素がもり込まれたものが「県・郡ゼムストヴォ法」となり、一八六四年一月一日に裁可された。

この法律は、ヨーロッパ・ロシア三四県とその郡にゼムストヴォを設置するものであった。ただし、ロシア帝国に反感をもつポーランド貴族が多かった六県(ヴィテプスク、ヴォルィニ、キエフ、ミンスク、モギリョフ、ポドリア)には二十世紀初頭まで設置されず、貴族の少なかったアルハンゲリスク、アストラハン、オレンブルク県には、第一次世界大戦期にようやく設置された。

ゼムストヴォ設置の目的は、地域の経済を振興し必要にこたえることであり、具体的な管轄は食料、道路、郵便、医療、保険、防火、教育、家畜疾病予防、産業振興、農業技術改善などであった。郡会議員は住民から間接選挙で選出されるが、投票は土地所有者、▲都市住民、農民の三つのカテゴリーに分けて、それぞれ同数の選挙人によりおこなわれた。前二者の資格は一定以上の土地や財産を所有する貴族、商人であり、農民の選挙人は郷で選出された。郡会議員の任期は三年で、年一回定期会議を開いた。郡には執行機関として、議長（郡貴族団長）および六人以内の議員からなる常設の郡参事会が設置された。ゼムストヴォ県会は郡会議員から互選で選出された議員と県参事会（議長を務める県貴族団長および六人以内の議員）から構成された。郡会と県会の身分別議席割合を第一回（一八六五～六七年）の選挙結果でみると、貴族が四一・七％と七四・二％、農民が三八・四％と一〇・六％、商人が一〇・四％と一〇・九％、聖職者が六・五％と三・八％、町人がともに〇・五％となり、身分別の人口比とは比例していなかった。豊かな農民、商人、町人は土地を購入することで土地所有者カテゴリーの投票権をえることができたため、郡会議員の貴族割合はしだい

▼土地所有者カテゴリー　一八九〇年前後の法改正によりゼムストヴォは国家機関として位置づけられることとなり、参事会員には官等が与えられ、内務大臣や県知事の人事監督権に服した。また貴族のイニシアティヴが強化され、土地所有者カテゴリーは貴族に限られることとなった。

に減少することとなる。六五年には全二六〇の郡会のうち非貴族議員の割合が優勢であったのは一六だったが、八六年には四七に増加した。

ゼムストヴォの運営に国費は投下されず、自らが徴収する地方の土地税、森林税が財源であった。国家官僚である県知事は、ゼムストヴォの決定が法令や公共の福祉に反する場合、その決定を取り消す権限を有していた。郡レベル以下には、警察をのぞいて国家の行政組織は存在しなかったので、それを補うものとしてゼムストヴォは一定の役割をはたした。とはいえ、国家官僚による行政‐警察システムとは切り離されていたため、実効性に欠けた。ゼムストヴォは名望家による政治団体となりえたので、活動は経済や教育、医療福祉に限られ、他県との横のつながりは厳しく制限された。ヴァルーエフは一八六三年、ゼムストヴォ県会の代表を、法律諮問機関である国家評議会に議題を限定して参加させ、代議制を導入する提案をおこなったが、それは専制をゆるがすことにつながるとして皇帝に拒否されていた。ゼムストヴォの実務を担当したのは教師、医師、統計家などの専門家であり、多数の人材を輩出した。

司法改革

一八四八年、皇帝ニコライ一世は、ある官僚の所領と債務をめぐる裁判が二〇年にもおよんだことを司法大臣の報告で知り、訴訟の遅延の原因を調査するよう命じた。これがきっかけとなって、新しい民事訴訟法がつくられることとなった。当時ロシアの裁判制度は、口頭弁論からえられる資料をおもな判断材料とする口頭主義ではなく、書面審査が中心の文書主義であった。ところが裁判官任用のための教育上の資格要件は定められておらず、法学の知識に欠けた裁判官はもちろんのこと、字を読めない裁判官も多かったといわれる。このことが裁判遅延の大きな原因となっており、司法改革前年の六三年時点でも、一〇年以上裁判が続いている事例が多かった。

しかし作業は遅れ、皇帝がアレクサンドル二世にかわったあとの一八五七年に、ようやく新民事訴訟法草案が国家評議会に上程された。そのさいに、責任者である皇帝官房第二部長官ブルードフは「公平な裁判が迅速におこなわれないと、社会で法律にたいする信頼が失われる」として訴訟遅延の弊害を訴えた。国家評議会で審議がおこなわれるなか、通常手続きのほかに特別手続きがあること、身分別裁判機関が存在すること、上訴のさいに司法権と立法権が混合すること、訴訟代理人(弁護士)の権利・義務にかんする規定が存在しないことなど、さまざまな問題が明るみに出され、五九年に皇帝は裁判組織そのものの改革を命じた。

その具体的なかたちがどのようなものになるかについては、同時進行していた農奴解放令の作成過程も影響した。すなわち、一八五七年のナズィモフ宛て勅書による農奴解放案では、旧領主が警察・裁判権を保持したままであり、農民が耕地を購入することが想定されていなかった。しかし五八年末の農民問題総委員会の新原則により、屋敷菜園地だけでなく耕地も買戻しの対象になり、農民は土地所有者として訴訟の主体になる一方、領主権が廃止されることになった。つまり新たな法や裁判制度は、解放される約二二〇〇万人の農民をも対象とすることとなり、また従来領主が担っていた地域の警察・裁判権の再編が必要となった。これを受けて、警察については内務省が主務官庁となって方針を作成し、五九年にその原則が裁可された。それは市部と郡部で別組織となっていた警察を一体化して、各郡に郡警察署を設置し、警察署長は任命制とすることで、警察の人員の質と実行力を高めるというものであった。これにより警察の業務が検察や裁判官と線引きされた、刑事訴訟法の改正も必要となった。こうして訴訟遅延の解決をめざす民事訴訟法の改定問題が、農奴解放案の進行とシンクロして司法全体の改革へと広がったのである。

法案の作成作業は、はじめ皇帝官房第二部がおこない、一八六一年夏までに改正案を国家評議会に提出した。その後改革の主体は国家評議会事務局へ移り、フランス法を中心とした大陸諸国の司法制度が積極的に取り入れられるなど、構想がよりラディカルになった。その背景には司法改革の立役者の一人となるザルードヌィ▲の存在があった。彼は司法省に在勤ののち国家評議会事務局へ移り、フランス、スイス、イタリアの法事情を視察した。また、国家評議会議員のみならず広く実務法曹の意見を集め、法案審議に反映させることを提案した。国家評議会事務局が作成した「司法部改造の大綱」には陪審制▲の導入が含まれ、六二年九月に裁可された。これが司法改革の基本方針となる。その後、実務法曹が主導する起草委員会が「大綱」に肉付けをして法律のかたちに整え、国家評議会法律部・民生部の合同部会および総会の審議をへて、六四年十一月二十

▼セルゲイ・ザルードヌィ（一八二一〜八七）　ハリコフ大学物理数学部で数学を専攻し、一八四二年に司法省に入省。正規の法学教育を受けていないが、長期にわたり法学実務にたずさわる。五二年に民事訴訟法見直し委員会事務長となり、五七年に国家評議会事務局に異動、六二年に司法改革法起草委員会民事訴訟法部会長となった。自然科学的法則の普遍性という発想を法律学にもたらし、外国法の継受に積極的であった。

▼陪審制　陪審員には一定の財産資格が求められたが厳しいものではなく、教育資格は求められなかった。こうしたこともあり、地方の郡部では陪審員の半数以上が農民身分であった。革命家ザスーリチによる特別市長官トレポフ狙撃事件（一八七八年）は陪審制によって審理され、無罪判決が出された。

日に「裁判所設置法」「民事訴訟法」「刑事訴訟法」が裁可された。これらは、皇帝官房第二部長官コルフのもと作成され、同日に裁可された治安判事に関する法律と合わせて、「アレクサンドル二世の司法改革法」と称されることとなる。裁可に先だち皇帝は「迅速で公正、寛大にして臣民すべてに平等な裁判をロシアに樹立させる」「司法権の地位を高め独立させる」「人々の間に法律にたいする尊敬の念を確立する」ことが改革の目的であると宣言した。

こうして実現された司法改革により司法は行政から分離され、全身分に共通の司法制度▲がつくられた。裁判は二本立てであり、軽罪や少額事件は治安判事裁判所、その他は普通裁判所の管轄となった。原則として三審制であり、刑事、民事ともに公開裁判となった。また、法定刑が身分の権利の制限・剝奪をともなう一定の重罪事件については陪審制によって審理された。一般裁判所の裁判官と検察官の資格として、大学(法律学)卒業の学歴または法律学の知識がはじめて求められ、裁判官については身分保障が与えられて、法律の定めによらなければ罷免されなかった。治安判事は、中等教育以上の学歴またはそれに相当する知識および一定の財産を有する者の名簿から、ゼムストヴォ郡会(モスク

▼**全身分に共通の司法制度**　特別裁判所として以下の五つが司法改革後も残された。教会裁判所、軍法会議、商事裁判所、農民裁判所、異族人裁判所。

ワおよびサンクト・ペテルブルクでは市会)が選出した。任期は三年であるが在職中は不罷免特権をもち、地方裁判所判事と同じ五等官の官位をえた。ただし給与はゼムストヴォから支給され、国費ではなかった。裁判は文書主義から口頭主義に変わり、検察官と弁護士による弁論のやりとり(法廷対決)を資料として、裁判官や陪審員が事件を判断することとなった。そのため弁護士制度が創設され、弁護士になるためには教育資格と実務資格が必要とされた。こうして法律の専門家である判事、検事、弁護士という法曹による近代的な司法制度がロシアで機能することとなった。

その他の「大改革」

アレクサンドル二世治世下でおこなわれたその他の「大改革」について、最後に簡単にふれたい。

一八五五年十二月、秘密検閲委員会▲の委員長であったコルフが「検閲の強化は地下出版をふやし、政府がコントロールできなくなる」とこぼすと、アレクサンドル二世は数日後に同委員会を解散した。また、それまで四つの新聞雑誌

▼**秘密検閲委員会**　西欧から自由主義思想の流入を防ぎ、ロシアにおける出版物の精神と傾向を監督する目的で、一八四八年に設置された。文学や雑誌の検閲や検閲業務の監督をおこなった。初代委員長の名をとりブトゥルリン委員会とも呼ばれる。

▼アレクサンドル・ゴロヴニン（一八二一〜八六）　日本に幽囚された経験をもつヴァシリー・ゴロヴニンの息子。ツァールスコエセロー・リツェイ卒業。一八五〇年に海軍省でコンスタンティン大公の秘書となり、彼をつうじて、海軍省改革や農奴解放などについてさまざまな自由主義的提案をおこなう。六一年十二月に文部大臣になり、新帝国大学法のほかに、実科と古典の複線的な教育を可能とする中等学校法、読み書きと算数、宗教教育をゼムストヴォでおこなう初等国民学校法、そして検閲臨時規則を成立させるが、六六年に起こったカラコーゾフ（七二頁用語解説参照）による皇帝暗殺未遂事件の責任をとり辞職した。

のみが内外の時事政治記事の掲載を許可されていたが、皇帝はその制限を撤廃した。事前検閲が廃止され事後検閲制になるのは六五年四月まで待たなければならないが、新聞雑誌の種類は飛躍的に増加した。こうしてニコライ一世時代の閉塞感が破られると、学生運動が盛んになってきた。六一年秋には、モスクワ大学やカザン大学で学生運動が広がり、警察がデモを鎮圧し数百人の学生が逮捕されたが、サンクト・ペテルブルク大学では一時認められた学生による雑誌の刊行や集会の開催が禁止されたことをきっかけとしてとくに大きな運動となったため、大学が一時的に閉鎖されるにいたった。年末にはリベラル派で知られるA・ゴロヴニン▲が文部大臣に就任した。

ロシアでは一八〇四年にはじめて大学法がつくられた。国家からの学問の自由のもと、教授と学生が真理を追究するというドイツの大学モデルが採用され、大学は全身分に開放されることとなった。しかし三五年の法改正で予算や教学にかんする自治権を失ったため、五八年ごろからその権利の回復をめぐって文部省や教授らにより大学のあるべき姿について議論が続いていた。六三年六月十八日に公布された新帝国大学法は、いわば折衷的な内容となった。教授会自治の原則のもと、学区学監および文部大臣の監督のもとではあるが、大学には教育内容、教授の人事、学生の処分について大幅な権利が与えられ、予算は倍増され講座数がふえた結果、新しい学問分野が登場した。しかし学生組織の自治権は認められず、学区学監の権限が曖昧に規定されたため恣意的運用が可能であった。また、草案では正規学生として女子の入学が認められたが、最終案で削除された。

陸軍では一八六一年十一月にD・ミリューティンが大臣に就任した。彼は、クリミア戦争末期に設置された軍隊改善委員会のメンバーとしてロシア軍の問題点を指摘し、平時には正規軍を大規模に縮小する反面、厚い予備役を用意することで戦時に備える軍隊のかたちを構想していた。また、コンスタンティン大公が海軍で雑誌『海事論集』を用いてグラスノスチを成功させたことにならい、五六年には『軍事論集』の発刊を提案し、同誌はチェルヌィシェフスキー▲らを編集者として五八年から刊行された。

しかしD・ミリューティンの大臣就任直後は、中央集権的で上官の命令に無条件で従う軍隊を理想としていた、ニコライ一世時代の高位軍人がまだ残って

▼ニコライ・チェルヌィシェフスキー（一八二八〜八九）　地方の聖職者の家に生まれる。ギムナジア卒業後教員となるが、首都へ出て『現代人』『祖国雑記』といった雑誌にナロードニキ的な評論を寄稿する。一八六三年に発表した小説『何をなすべきか』で女性解放の問題や協同社会の建設を描き評判となったが発禁となり、シベリアへ流刑となった。

いたため改革は容易ではなく、信頼する士官たちに『軍事論集』誌上でニコライ型軍隊の問題点を指摘させたりした。自らは一八六二年一月に意見書を皇帝に提出し、軍隊の分権化、法の遵守、新兵徴募の増加（一〇〇〇人につき三人を四人に）と兵役年限の縮小を訴えたが、すぐに実現したのは、各師団に大幅な自治権を与える軍管区制の導入（六四年）であった。D・ミリューティンはその後も軍制改革を続け、六九年には軍隊教育制度の整備をおこない、初等兵学校、中等兵学校、士官学校というコースを設置した。さらに重要な改革は、七四年に実現した国民皆兵制である。従来は農民と町人身分が新兵徴募されていたが、これを廃止した。全身分の二〇歳男子が、陸軍では兵役六年・予備役九年、海軍では兵役七年・予備役三年、その後は四〇歳まで予備役として登録され、近代的な軍事制度がロシアに成立した。

　以上のような改革を実行することにより、ロシア帝国は市民社会成立への条件となる、独立した司法と地方自治、国民皆兵制の軍隊をもつ近代国家になった。しかし一八六六年のカラコーゾフ▲による皇帝暗殺未遂のころから、アレクサンドル二世はそうした改革への意欲を失った。彼はその後もナロードニキに

▼ドミトリー・カラコーゾフ（一八四〇〜六六）　貧しい貴族の家に生まれる。カザン大学、モスクワ大学を退学となり、従兄弟が主宰する秘密革命結社に加入。皇帝暗殺がきっかけとなり社会で革命が起こると考え、一八六六年四月四日に皇居からほど近い「夏の庭園」を散歩するアレクサンドル二世を銃で撃とうとしたが未遂に終わり、死刑となった。

▼憲法への第一歩とも評される政治改革案　行政や経済、財政など特定の議題にかんする法案の作成と審議に、県と都市、社会団体代表を参加させる政治改革案。提案者であった内務大臣の名をとり「ロリス＝メリコフの憲法」といわれる。

何度も命をねらわれたことで、晩年には革命家を社会から孤立させることを試みた。そのため、公衆を味方につけ、憲法への第一歩とも評される政治改革案▲を承認したが、まさにその日、八一年三月一日に暗殺された。跡を継いだ息子のアレクサンドル三世▲は、父帝がかつて敷いた理想の高い改革の道へはもどらず、農民の自治に貴族の後見制度をつけるなど、ロシア社会の現実の身の丈に合った方向への改革をおこなうことになる。

アレクサンドル二世の暗殺

▼**アレクサンドル三世**（一八四五〜九四）　ロマノフ朝第十七代皇帝（在位一八八一〜九四）。アレクサンドル二世の次男。長兄ニコライが成人したのちに病死したため皇太子となる。父帝が革命家に暗殺されたことに衝撃を受け、専制護持の宣言をおこない社会の自由化を制限するが、現実的な政策の実行により、彼の治世下で行政のパフォーマンスは上がったとも評価される。

参考文献

ペ・ア・ザイオンチコーフスキー（増田冨寿・鈴木健夫訳）『ロシヤにおける農奴制の廃止』早稲田大学出版部　一九八三年

鈴木健夫『帝政ロシアの共同体と農民』早稲田大学出版部　一九九〇年

鈴木健夫『近代ロシアと農村共同体――改革と伝統』創文社　二〇〇四年

高橋一彦『帝政ロシア司法制度史研究――司法改革とその時代』名古屋大学出版会　二〇〇一年

竹中浩『近代ロシアへの転換――大改革時代の自由主義思想』東京大学出版会　一九九九年

竹中浩『模索するロシア帝国――大いなる非西欧国家の一九世紀末』大阪大学出版会　二〇一九年

土肥恒之『「死せる魂」の社会史――近世ロシア農民の世界』日本エディタースクール出版部　一九八九年

オーランドー・ファイジズ（染谷徹訳）『クリミア戦争』下　白水社　二〇一五年

和田春樹『テロルと改革――アレクサンドル二世暗殺前後』山川出版社　二〇〇五年

和田春樹編『ロシア史』上（山川セレクション）山川出版社　二〇二三年

Tracy Dennison, *The Institutional Framework of Russian Serfdom*, Cambridge: Cambridge University Press, 2011.

Roxanne Easley, *The Emancipation of the Serfs in Russia: Peace Arbitrators and the Development of Civil Society*, London: Routledge, 2009.

Daniel Field, *The End of Serfdom: Nobility and Bureaucracy in Russia, 1855–1861*, Cambridge: Harvard University Press, 1976.

Steven L. Hoch, *Essays in Russian Social and Economic History*, Boston: Academic Studies Press, 2015.

W. Bruce Lincoln, *The Great Reforms: Autocracy, Bureaucracy, and the Politics of Change in Imperial Russia*, Dekalb: Northern Illinois University Press, 1990.

S. V. Mironenko (ed.), *Dnevniki velikogo kniazia Konstantina Nikolaevicha, 1858–1864*, Moskva: ROSSPEN, 2019.

B. N. Mironov, *Sotsial'naia istoriia Rossii perioda imperii (XVIII–nachalo XX v.): Genezis lichnosti, demokraticheskoi sem'i, grazhdanskogo obshchestva i pravovogo gosudarstva*, T. 1, Sankt-Peterburg: Dmitrii Bulanin, 2003.

B. N. Mironov, *Rossiiskaia imperiia: ot traditsii k modernu*, T. 2, Sankt–Peterburg: Dmitrii Bulanin, 2015.

Alexander Polunov, *Russia in the Nineteenth Century: Autocracy, Reform, and Social Change, 1814–1914*, Armonk: M. E. Sharpe, 2005.

Alfred J. Rieber (ed.), *The Politics of Autocracy: Letters of Alexander II to Prince A. I. Bariatinskii, 1857–1864*, Hague: Mouton & CO, 1966.

V. V. Shelokhaev (ed.), *Reformy v Rossii s drevneishikh vremen do kontsa XX v.*, T. 3, *Vtoraia polovina XIX–nachalo XX v.*, Moskva: ROSSPEN, 2016.

A. Iu. Shutov, *Rossiiskoe zemstva i evropeiskie traditsii mestnogo samoupravleniia*, Moskva: Izdatel'stvo Moskovskogo Universiteta, 2011.

Frederick S. Starr, *Decentralization and Self-Government in Russia, 1830–1870*, Princeton: Princeton University Press, 1972.

L. G. Zakharova, *Aleksandr II i otmena krepostnogo prava v Rossii*, Moskva: ROSSPEN, 2011.

図版出典一覧

Memuary P. P. Semenova-Tian-Shanskogo, T. 3, *Epokha osvobozhdeniia krest'ian v Rossii 1857-1860*, Moskva: Kuchkovo pole, 2018. *13* 中・下, *28* 中, *29* 上, *47, 53* 中
O. I. Chistiakov (ed.), *Rossiiskoe zakonodatel'stvo X-XX vekov*, T. 7, *Dokumenty krest'ianskoi reformy*, Moskva: Iuridicheskaia literatura, 1989. *53* 上
L. G. Zakharova, *Aleksandr II i otmena krepostnogo prava v Rossii*, Moskva: ROSSPEN, 2011. *3* 上, *28* 上・下, *29* 中・下, *35, 42, 43, 49* 下, *57, 70, 71*
N・A・ネクラーソフ図書館蔵 *49* 上
ニューヨーク公共図書館蔵 *13* 上
ロシア国立図書館蔵 *53* 下, *73*
ロシア連邦中央銀行蔵（https://www.cbr.ru/dzi/?tilesources=5220-0009r） カバー裏
Royal Collection Trust 提供 *3* 下
アフロ提供 カバー表
ユニフォトプレス提供 扉, *10*

世界史リブレット⑫⓪

ロシア農奴解放《のうどかいほう》と近代化《きんだいか》の試《こころ》み

2024年7月10日　1版1刷印刷
2024年7月20日　1版1刷発行

著者：吉田《よしだ》　浩《ひろし》

発行者：野澤武史

装幀者：菊地信義＋水戸部功

発行所：株式会社 山川出版社

〒101-0047　東京都千代田区内神田1-13-13
電話　03-3293-8131(営業)　8134(編集)
https://www.yamakawa.co.jp/

印刷所：信毎書籍印刷株式会社

製本所：株式会社 ブロケード

ISBN978-4-634-34958-2